KB250095

한국 속의 세계 상

우리는 어떻게 세계와 소통해왔는가

한국 속의 세계

상

정수일 지음

창비
Changbi Publishers

　지금까지 우리는 대체로 우리의 역사와 문화를 세계와 고립시켜 통시적으로만 헤아려왔지, 세계와의 관련 속에서 공시적으로 이해하는 데까지는 이르지 못했다. 그러다보니 근간에 와서 '세계 속의 한국'이란 구호는 버젓이 내걸었지만, 도대체 세계 속에서 한국이 차지하는 위상은 어떠했는지 아직 제대로 밝혀지지 않고 있다. 더욱이 우리들 속에 들어와 있는 세계, 즉 '한국 속의 세계'가 과연 어떤 것인지는 그 개념조차 낯설다. 그 결과 남들이 우리더러 '은둔국'이라고 해도 우리는 그저 그런가보다 하고 지냈으며, 스스로가 '닫힌 나라'라는 자학적인 사관에서도 헤어나지 못했다.

　사실 '세계 속의 한국'은 바깥에서 세계와 만남이고, '한국 속의 세계'는 안에서 세계와 만남이다. 이 두 개념은 '세계성'에서 서로 집합된다. '세계성'이란 한마디로 세계에 대한 앎을 추구하고 세계와 삶을 함께하는 정신을 말한다. 미래의 비전으로 굳어져가고 있는 '세계화'

나 '국제화'의 바탕은 바로 이 '세계성'이다.

우리에게 이러한 '세계성'은 오늘과 내일에 필요한 정신일 뿐만 아니라, 어제부터 있어온 실체다. 다만 우리가 그것을 제대로 읽어내지 못했을 뿐이다. 우리의 유구한 역사와 문화의 갈피마다 이러한 '세계성'이 고스란히 배어 있다. 어느 것 하나 세계와 무관한 것이 없다. 가까이는 중국이나 일본, 멀리는 아랍이나 로마와도 서로 주고받으면서 역사와 문화를 함께 가꾸어왔다. 이를테면, 우리 속에는 일찍부터 세계가 자리하고 있었다. 그러했기에 비로소 오늘의 우리가 있게 된 것이다.

이러한 인식에서 출발해 필자는 지난 1년 동안 『한겨레』 신문에 매주 1회씩 '문명교류기행'이란 이름으로 글을 써왔다. 그 글들을 묶어 전체적으로 고치고 다듬은 것이 이 책이다. 총 50편 중 마지막 3편은 신문에 실리지 않았던 글이다. 개설서나 해설서가 아닌 문명기행 형식의 글이기 때문에, 문명교류를 통해 우리 속에 자리 잡은 세계를 잘 대변할 수 있는 내용들을 시대별로 골라서 한데 엮었다.

그러한 내용들을 세계와의 관련 속에서 공시적으로 살펴보다보니, 왕왕 기존의 통념에서 벗어난 새로운 해석을 가하지 않을 수 없다. 이러한 의미에서 이 책은 어느 정도 탐구적 성격을 지닌 책이라고 말할 수 있을 성싶다.

'한국 속의 세계'란 조금은 생소한 개념이지만, 실제로 지난날의 현실이었고, 또 오늘과 내일은 더더욱 그럴 수밖에 없기에 감히 이 개념을 가지고 우리 역사와 문화에 접근해봤다. 모난 돌도 자꾸 굴리다보면 둥글어지는 법이다. 첫 시도니만치 부족하거나 어설픈 점이 없을 리 없으므로, 독자 여러분의 질정과 가르침을 바라 마지않는다.

끝으로, 변변찮은 글들을 책으로 묶어내기 위해 성의와 노고를 아끼지 않은 '창비' 가족 여러분께 깊은 사의를 표하는 바다. 아울러 전국을 누비며 찍은 좋은 사진을 제공해준 윤동진씨에게도 고마움을 전한다.

단풍가절 무쇠막 집에서

정수일

차례

일러두기

1. 이 책에 나오는 외국의 인명과 지명은 되도록 현지음에 가깝게 표기했다.
2. 중국 인명의 경우, 현대의 인물들은 실제 발음대로 표기했고 근대 이전의 인물들은 한자
   어 발음으로 표기했다.
3. 중국 지명의 경우, 현재에도 쓰이는 지명은 실제 발음대로 표기했고 과거의 지명은 한자
   어 발음으로 표기하는 걸 원칙으로 삼았다. 단 문맥에 따라 표기법을 달리하기도 했다.

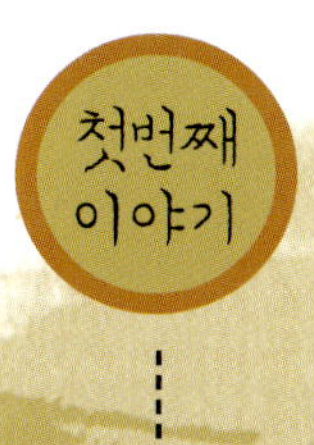

'문명교류기행'의
먼 길을 떠나면서

우리는 지금 '문명교류기행'의 출발선에 서 있다. 이제부터 우리는 한 반도 전역은 물론, 중국, 일본에서 인도, 로마, 라틴아메리카에 이르기까지 오늘날의 '우리'를 있게 한 수많은 문명교류의 현장들을 두루 여행할 것이다. 이 현장들에서 우리는 서로 다른 문명들이 어떻게 만나서 영향을 주고받으면서 발달해왔으며, 인간은 그 속에서 어떤 지혜를 터득해왔는가를 체험하고 탐구하게 될 것이다.

문명교류란 서로를 알아가는 현장이다. 인류는 실로 오랫동안 서로를 모르고 살아왔다. 13세기 마르꼬 뽈로는 동방에 와 직접 본 여러 가지 문명 업적들을 『동방견문록』이란 여행기에서 실감나게 소개했다. 그러나 서양인들은 당대는 물론, 그 후 수세기 동안 그 내용을 믿지 않았다. 뽈로가 임종을 앞두었을 때, 그의 친구들은 영혼의 평화를 위해 이 견문록에 수록되어 있는 것이 '거짓말'이라는 것을 회개하라고 권유했다. 그러나 뽈로는 한숨을 몰아쉬며 회개는커녕 오히려 그가 본 동양의 놀라운 일들을 절반도 기술하지 못했다고 못내 아쉬워하면서 눈을 감았다. 그런가 하면 그로부터 500년이나 지난 뒤, 당대 최고의 지성인이라고 자부한 철학자 헤겔조차도 "중국이라는 나라가 존재한다는 것 외에는 중국에 대해 아무것도 알지 못한다"고 자인했다. 이렇게 서로 떨어져 모르고 살아오던 인간이 근세에 와서 비로소 만남과 나눔을 통해 서로를 알게 되고, 그 결과 오늘과 같은 나름의 공존공생에 이르게 되었다.

문명교류는 서로의 삶을 소통시키는 현장이기도 하다. 문명은 언제 어디서 창출되든 간에, 모방성이란 속성으로 인해 널리 퍼지고 받아들여져서 인간의 삶을 풍요롭게 해준다. 문명교류를 떠난 역사의 발전이나 인류의 생존은 상상할 수 없다. 바늘로부터 인공위성에 이르기까지, 먹는 낱알로부터 입는 옷가지에 이르기까지, 간단한 춤사위로부터 복잡한 정치제도에 이르기까지, 그 어느 것 하나도 교류의 결과물이나 혜택이 아닌 것이 없다. 인류 역사의 전 과정이 그러했고, 오늘은 물론 앞으로는 더더욱 그러할 것이다.

흔히들 21세기를 '정보화시대' '국제화시대'라고 말한다. '정보화시대'란 정보의 주고받음을 통해 선진 정보를 공유함으로써 기술 문

이라크에 있는 갈대집 거실의 모습 ● 문명은 이처럼 인간과 자연이 함께 만들어낸 독특한 산물로, 문명교류란 이 문명들이 서로의 고유성을 배우고 나누는 끝없는 과정이다.

명이 고도로 발달한 시대를 말한다. '국제화시대'란 서로의 개방과 교류를 통해 범지구적인 인류공동체가 형성되어가는 시대를 말한다. 이런 시대야말로 교류가 무한히 확산되는 시대다. 이 시대를 살아가는 인류는 서로 어울려 주고받아야만 생존과 번영의 활로를 보장받을 수 있다. 이러한 현실을 실감하고 있는 인류는 지금 미래에 대한 바람직한 비전과 대안의 하나로 문명과 그 교류를 제시하고 있다. 그래서 문명과 그 교류에 대한 담론이 시대의 화두로 떠오르고 있는 것이다.

돌이켜 보면, 인류의 역사는 인간사회가 제기하는 갖가지 문제에 대한 해답을 모색하고 그것을 실천해나가는 과정이었다. 종교로 선악을 가려내고, 철학으로 의식을 순화하며, 생산으로 부를 축적하며, 교류로 유무상통해왔다. 말하자면, 선이나 정의, 자유, 평등, 복리 같은 인간의 보편적 가치를 추구해왔다. 그리고 그 논리적 틀로서 수많은 학설과 주의·주장이 나왔고, 그 실천 방도와 보장책으로서 각종 제도와 규범이 마련되었다. 그러나 역사적 경험이 보여주다시피, 그 어느 것 하나도 서로가 닫혀 있는 세계 속에서는 시·공간을 초월한, 보편타당한 해법으로는 기능하지 못했다. 특히 20세기에 들어와서 전례 없는 세계대전을 두 차례나 겪은 데다 엄혹한 냉전까지 겹치니, 종래의 해법에 대한 회의론이 일면서 새로운 해법과 대안이 모색되고 있다. 그 유력한 대안이 바로 인류의 공생공영을 담보하는 보편적 가치와 공통분모인, 문명의 교류다. 이것이 이른바 '문명대안론'이다.

사실 이러한 대안론은 지난날 인류가 겪은 경험에서 비롯된 것이다. 우리의 민족사와 세계사가 여실히 말해주듯이, 가슴을 활짝 펴고 남들과 잘 어울리며 선진 문물을 적극 수용한 민족은 예외 없이 번성

동래부사접왜사도(東萊府使接倭使圖) ● 18세기 / 일부.

하고 오래 살아남지만, 그러지 못하고 옹졸하게 문을 걸어 잠근 채 우물 안의 개구리로 살아온 민족은 영락없이 후진을 면치 못하고 일찍 조락하고 말았다. 이것이 문명교류로부터 얻은 인간의 통절한 교훈이다. 교훈은 살려야 값지다.

이러한 경험과 교훈을 살리려 우리는 이 '문명교류기행'의 먼 길에 오른다. 그 속에서 우리는 문명교류의 역사적 발자취를 더듬으면서 그것이 과연 미래의 대안이 될 수 있는가 검증해볼 것이다. 요즘 문명 담론을 시대의 화두로 떠올리면서도 그 내용을 엉뚱한 방향으로 오도하는 경향이 나타나고 있다. 그 대표적인 것이 이른바 '문명충돌론'이다. 그 주창자들은 있을 수밖에 없는 문명 간의 차이를 문명 본연의 '충돌'로 착각한 나머지 문명 간의 관계를 교류나 공존에 의한 상생관계가 아닌, 서로가 서로를 배제하는 상극관계로 보고 있다. 그들의 주장대로라면 서로 다른 문명이 있는 한 충돌과 분란은 불가피하며, 따라서 인류가 그토록 갈구하는 지구촌의 평화는 요원한 일로 되고 만다. 그 진실 여부는 교류의 현장에서 확인될 것이다.

우리의 기행은 우리의 앎과 삶의 터전인 한반도에서 출발하여 멀리 6대주 5대양의 방방곡곡에서 일어난 문명교류의 주요 현장까지 이어질 것이다. 그 여정에서 경주 괘릉(掛陵)을 지키며 서 있는 괴상한 무인석상(武人石像)의 비밀이 파헤쳐질 것이고, 우리에게 들씌워진 '은둔국'이란 누명도 벗겨질 것이다. 더불어 저 멀리 인도에서 실려온 석탑의 실체가 밝혀질 것이고, 보살상의 목에 걸린 십자가의 수수께끼가 풀리게 될 것이다.

시대의 요청에 따른 이 '문명교류기행'은 문명과 그 교류를 배우는 과정으로 삼아야 할 것이다. 기행의 현장을 둘러보면서 문명이란 과연 무엇이고 그 교류는 왜 일어나며 그 과정은 어떠한가, 또는 그 엄청난 결과는 무엇인가 등 문명과 문명교류에 관한 기본 지식을 습득하는 기회가 될 것이다.

또 우리는 이 교류의 현장을 통해서 구체적인 환경과 역사적 맥락에서 타 문명을 이해하고 평가하는 '문명타자관'을 몸에 익혀야 한다. 지난 두 세기 동안 인류의 문명사를 마음대로 요리하던 '서구문명중심주의'는 이제 설득력을 잃고 있으며, '문명화 사명'을 자처해오던 서구문명은 더 이상 고압적인 우월주의에 안주할 수가 없게 되었다. 대신 천시되던 '주변문명' '저급문명'들이 점차 위상을 되찾으면서 이 '문명타자관'이 대두되었다. 다행히도 이를 계기로 문명 담론이 활성화되고 문명 인식이 점차 균형을 잡아가고 있다. 여기서 중요한 것은 배타적인 자기중심주의(국수주의)와 공허한 타중심주의(사대주의)를 철저히 배격하는 것이다.

이와 더불어 문명과 그 교류에 대한 균형감각을 지녀야 할 것이다. 아직도 은연중 '선진 서양'이니 '후진 동양'이니 하는 등 우열주의의 망령이 우리 주변을 맴돌고 있다. 우리의 기행 현장에서도 자칫 이러한 망령에 현혹될 수 있다. 이것은 주로 근세 200년간 서양의 기술문명이 동양을 앞질러 나아간 데서 나온 편단이다. 서양이 앞질러 나아간 것은 일시적으로 물 위로 떠올랐다 잠겼다 하는 일종의 부침 현상에 불과하다. 거시적으로 보면, 인류 5,000년 문명사는 그 활동무대에서 동양과 서양이 서로 앞서거니 뒤서거니 하면서 만나고 나누는, 즉 문명교류의 역사다.

이 기행을 함께하는 독자들은 내내 이러한 점들에 유의하면서 전개되는 현장들을 유심히 살핀다면 성공리에 기행의 장정을 완주하게 될 것이다.

단군신화의
고고한 위상

우리의 기행은 '한국 속의 세계'를 알아내는 데서부터 시작한다. '한국 속의 세계'는 오늘의 부르짖음이 아니라, 아득히 먼 옛날부터 있어온 사실 그 자체다. 우리 겨레는 태초부터 남들과 어깨를 나란히 하고 동방 일각에서 인류문명 5,000년사를 함께 엮어왔다. 그 엮음의 단초는 우리의 개국신화인 단군신화에서 찾아볼 수 있다.

원래 신화(mythology)란 단순한 과거 이야기거나 인간이 만들어

낸 허구적 이야기가 아니라, 일정한 역사적 경험의 반영이나 상징이다. 그 속에는 역사적·문화적 경험과 이상향 같은 꿈도 들어 있다. 일반적으로 신화는 여러 가지 내용을 일정한 논리체계 속에 조합하고 은유와 상징으로 표현하지만, 그 속에는 일정한 역사성과 설화성도 공존한다. '단군신화'도 예외는 아니다. 더욱이 이 신화는 우리 겨레의 개국이나 국조와 관련된 신화이기 때문에 그 위상과 의미가 각별하다.

단군신화의 문명교류사적 의미는 한마디로 당대의 여타 문명과 신화소(神話素), 즉 신화를 꾸미는 여러 가지 구성요소를 공유한다는 데 있다. 이 신화에 북방시베리아의 초원문명에서 인간과 특별한 친연관계를 가지고 있는 토템인 곰이 등장하는 점이나, 고대 오리엔트 문명에서 일반화된 천신(天神)과 인간의 결합에 의한 창조가 그대로 나타나는 점은 이러한 공유성을 말해준다. 문제는 이러한 공유성이 어떻게 이루어졌는가 하는 것이다. 이를테면 서로가 교류한 결과인지, 아니면 문명의 보편성이란 특성에 의해 나타난 것인지가 문제다. 문명의 보편성이란 같은 환경이나 여건 하에서는 물론, 때로는 다른 환경이나 여건 속에서도 시간과 공간을 초월해 내용과 형태가 유사한 문명이 창조되는 것을 말한다. 넓은 의미에서는 이러한 공유성이나 보편성도 하나의 만남이기 때문에 교류라고 볼 수 있다. 단군신화에 나타난 신화소의 공유성은 이러한 문명의 보편성에서 비롯된 것으로 짐작된다. 바로 여기에 단군신화의 세계성이 있다.

200자 남짓한 단군신화의 문명교류사적 의미와 세계성은 당대의 다른 신화들과 비교해봄으로써 더 뚜렷하게 간파할 수 있다. 그중 한 신화로 고대 서방신화들의 모태라고 하는 수메르의 길가메시

(Gilgamesh)신화를 꼽을 수가 있다. 약간 차이가 있는 이 두 신화를 문명사적 관점에서 비교해보면 시사하는 바가 많아 퍽 흥미롭다. 일부에서는 우리의 고대신화가 수메르를 비롯한 메소포타미아신화에서 연유했다고 주장하고 있어서 더더욱 그러하다.

일연(一然)의 『삼국유사』의 기록에 의하면 천자(태양신)인 환인(桓因)은 홍익인간의 이념을 실현하기 위해 서자 환웅(桓雄)에게 천부인(天符印) 3개(칼, 거울, 방울)와 풍백(風伯)과 우사(雨師), 운사(雲師), 그리고 곡식과 수명, 질병, 형벌, 선악 등 360가지나 되는 일을 맡아 주관하는 3,000명의 무리를 주어 태백산(太伯山) 꼭대기의 신단수(神壇樹)란 신시(神市)로 내려 보낸다. 때마침 곰과 범이 같은 굴에 살면서 신웅(神雄)에게 사람이 되게 해달라고 빌자, 신은 신령한 쑥 한 심지와 마늘 20개를 주면서 먹고 나서 100일간 햇빛을 보지 않으면 사람이 될 것이라고 한다. 곰은 21일간 그대로 해서 사람의 모습, 즉 웅녀(熊女)로 변했으나, 범은 그러지 못했다. 여자가 된 웅녀는 매일 단수(壇樹) 밑에서 아이 배기를 빌었고 이에 환웅은 웅녀와 결합해 마침내 아들 단군(檀君)을 얻는다. 단군은 평양성에 도읍을 정하고 조선을 건국한 후 아사달(阿斯達)에 천도해 도합 1,500년 동안을 통치하다가 주(周)나라 무왕(武王)이 보낸 기자(箕子)에게 밀려 장당경(藏唐京)에 피신했다가 아사달에 다시 돌아와 숨어서 산신(山神)이 된다. 그때 그의 나이 1,908살이었다. 단군이 세운 조선(단군조선)이 바로 우리나라의 첫 국가이며, 그 기원(단군기원, 즉 단기)은 중국 요(堯) 임금이 즉위한 무진년(戊辰年), 즉 기원전 2333년으로 보고 있다.

이것이 '단군신화'라면, 그에 대응되는 길가메시신화로는 몇 가지

● 『삼국유사』 권1, 「고조선 왕검조선」.

길가메시 부조상

가 있다. 그중 대표적인 것이 유명한 「길가메시 서사시」다. 이 서사시는 영국의 고고학자 레이어드(A. H. Layard) 경이 1851년 이라크의 니네베에 있는 아슈르바니팔 궁전 지하서고에서 발견하였는데, 모두 12개의 점토판에 쐐기문자로 씌어 있는 134행의 이야기로 기원전 7세기경에 만들어진 것으로 보인다.

길가메시는 기원전 2700년경 남부 메소포타미아의 첫 도시국가였던 우루크(Uruk)의 왕이다. 서사시에서는 여신과 인간의 결합으로 태어난 반신반인의 길가메시는 초인적 힘을 가진 폭군이다. 여신

「길가메시 서사시」가 적혀 있는 고대 바빌로니아의 진흙판 ●
마르기 전의 진흙에 갈대로 눌러 쓴 쐐기문자로 씌어 있다.

아루루(Aruru)는 신들의 청을 받고 진흙으로 털북숭이 장사 엔키두(Enkidu)를 만들어 길가메시와 대결시킨다. 대결에서는 엔키두가 패하지만, 두 사람 사이에는 영원한 우정이 싹터 갖가지 시기와 음모를 함께 이겨낸다. 엔키두는 집을 지을 나무를 구하러 숲에 들어갔다가 용과 뱀의 모습을 한 괴물 후와와(Huwawa)를 격투 끝에 제압한다. 그러다가 길가메시에게 구애했다가 거절당한 이슈타르(Ishtar)가 '하늘의 황소'를 빌려 지상을 파괴하려 했으나 황소는 두 사람에게 처치된다. 이에 격분한 주신 엔릴(Enlil)은 엔키두를 병에 걸려 죽게 만든다. 친구를 잃은 슬픔에 잠긴 길가메시는 사람들에게 영원한 생명을 찾아주기 위해 긴 방황의 길에 나선다. 대초원을 방황하다가 마침내 죽음의 바다 건너편에서 신으로부터 영원한 생명을 부여받은 우트나

피슈팀(Utnapishtim)을 만난다. 그는 '대홍수'에서 살아남은 자로, 길가메시에게 두 가지 불사의 방법을 알려준다. 하나는 6일 낮 7일 밤 동안 잠들지 않고 깨어 있는 일이었는데 길가메시는 실패한다. 두 번째 방법으로 길가메시는 깊은 바다에서 '불사의 풀'을 구하는 데 성공하지만 우루크로 돌아오는 길에 잠을 자다가 그만 뱀에게 그 풀마저 빼앗기게 된다. 절망 속에 운명한 그는 '지하세계'로 추락하고 만다.

두 신화의 간단한 줄거리다. 전혀 다른 사회적 환경과 역사적 배경 속에서 나온 신화들로서 얼핏 보면 아무런 상관성이나 공통점이 없는 성싶다. 그러나 유심히 살펴보면, 서로의 차이와 더불어 상통되는 점도 발견하게 된다. 두 신화가 다 다양한 신화소(단군신화는 24가지 신화소)를 통해 당대의 역사적 실상이나 경험을 반영하고 있다. 단군신화는 고조선의 건국과 천도 및 기자의 도래 등 역사적 사실을 시사하고, 「길가메시 서사시」는 초기 도시문명의 갈등상을 보여주고 기원전 2350년경 남부 메소포타미아에서 발생한 대홍수 이야기(「창세기」 속의 '홍수 이야기'와 유사)를 전해주고 있다. 그리고 신화의 주인공들은 신력을 빌려 자기의 욕망이나 이상을 실현하려고 한다. 환웅은 천신 환인의 아들로서 아버지로부터 받은 천부인으로 세상을 다스리며, 단군은 산신이 되어 세상을 떠난다. 마찬가지로 길가메시도 반인반신으로서 선지자인 우트나피슈팀을 찾아가 죽음으로부터 구원해줄 것을 청하고 '불사의 풀'에 매달려 영생을 꿈꾼다. 그런가 하면, 은유나 상징을 동원해 신화소를 삼은 것도 두 신화의 공통점이다. 단군신화에서 곰과 범은 토템신앙의 대상이고 쑥과 마늘은 주술적 효과를 노린 상징물이다. 「길가메시 서사시」의 '하늘의 황소'는 힘의 상징이고 뱀

사적
제136호
참성단

ⓒ윤동진

은 길가메시의 망상을 응징하는 영물로 등장한다.

이렇듯 두 신화 사이에는 문명의 보편성에서 비롯되는 공통점이 있지만, 한편 그 자생성에서 발생하는 상이점도 분명히 나타난다. 이러한 차이로 인해 단군신화의 위상은 한결 돋보인다. 우선 신화소의 짜임새에서 확연한 대조를 보인다. 보다시피 「길가메시 서사시」는 다양한 구조는 있으나 논리적 체계성은 마냥 약하다. 반면에 단군신화는 첫머리를 여는 기(起)와 그 뜻을 이어받아 전개하는 승(承), 그리고 뜻을 한 번 멋지게 돌리는 전(轉), 마지막으로 전체를 거둬 맺는 결(結), 이른바 '기승전결'의 격식이 그토록 정연할 수가 없다. 즉 환웅의 하강으로(기) 웅녀와의 결합이 이루어지고 단군이 탄생하며(승), 고조선의 건국에서 그 뜻이 일대 전기를 맞으며(전), 마침내 단군이 산신이 되어 단군신화는 유의미하게 매듭지어진다(결).

다음으로, 두 신화의 가장 큰 상이점은 이념적 지향점이다. 「길가메시 서사시」는 매사에서 갈등과 상극, 살해와 분열로 탈출구를 찾고 있으나, 단군신화는 조화와 상생, 합일에 지향점을 맞추고 있다. '홍익인간(弘益人間)' 즉 '널리 인간세계를 이롭게 한다'는 건국이념에서 시작하여 '부지자의(父知子意)' 즉 '아버지는 아들의 뜻을 알'기에, 천신인 환인이 아들 환웅의 웅지를 알아서 지상에 내려 보내고, 환웅은 웅녀의 청을 받아들여 결합하고, 약속을 어긴 범에게도 관대하다. 단군왕검은 아버지 환웅의 뜻을 받들어 1,000년 넘게 나라를 다스리다가 조용히 산에 숨어 산신이 된다. 천상세계와 지상세계의 흔쾌한 조화다. 「길가메시 서사시」를 비롯한 서방신화에서 흔히 보이는 부자상극(父子相剋)이나 천지 간의 대립 모습과는 사뭇 다른 단군신화만의 특징이다.

이처럼 우리의 단군신화는 신화 특유의 공유성이나 보편성을 갖고 있지만, 투철한 동양사상에 바탕하고 우리 겨레의 건국이념에 충실한 신화다. 그래서 세계의 무수한 신화 속에서도 고고(孤高)한 위상을 누리고 있는 것이다.

태고의 만남을 가려낸
빗살무늬토기

유물은 역사의 진실을 말하는 증인이고 시비를 가려내는 판관이다.
그 값어치는 시간이 올라갈수록 더 높다. 1925년 대홍수가 진 후 한
강 하류에 위치한 서울 암사동에서 우연히 빗물에 씻겨나간 빗살무
늬토기(일명 즐문토기櫛文土器) 조각들이 발견되었다. 이때를 전후해 우
리나라의 60곳 넘는 데서 이런 유의 토기가 발굴되었다. 연구 결과
빗살무늬토기는 우리나라 신석기시대(기원전 3000~1000)의 주류를 이

루는 토기로서, 이 시대를 '빗살무늬시대'라고도 한다. 그만큼 이 토기는 우리 문명사에서 중요한 비중을 차지하는 문화유산이다.

토기의 제작은 신석기시대를 규정짓는 3대 요소 가운데 하나다. 물론 신석기시대를 이은 청동기시대와 철기시대에도 토기의 제작은 성형법이나 무늬 등에서 부단히 발전하지만 신석기시대처럼 시대를 규정하는 요소까지는 되지 못한다. 신석기시대의 토기에는 빗살무늬토기와 함께 물결점선무늬토기〔波狀點線文土器〕와 덧무늬토기〔隆起文土器〕의 3가지가 있는데, 어느 것이 주류를 이루는가 하는 것은 지역에 따라 다르다.

일찍이 1920년대에 북유럽의 핀란드와 스웨덴·북부 독일·폴란드 등지의 신석기시대 유적에서 이와 비슷한 토기가 발굴되어 핀란드의 고고학자 아일리오(J. Ailio)는 그것에 독일어로 '빗살무늬토기'라는 뜻인 '캄케라믹'(kammkeramik)이란 이름을 붙였다. 그 후, 북유럽뿐만 아니라 시베리아의 동서 광활한 지역에서도 그러한 토기가 속속 발굴됨으로써 '캄케라믹'은 빗살무늬토기 일반에 대한 학명으로 굳어졌다. 이 토기는 주로 시베리아를 중심으로 한 북위 55도 이북 지역에 하나의 문화대를 이루고 있어 이 지역을 일명 '환북극(環北極, Circumpolar)문화'로 묶기도 한다. 그리하여 빗살무늬토기문화권은 거석문화권과 채도(彩陶)문화권, 세석기(細石器)문화권과 함께 신석기시대의 4대 문화권 중 하나로 자리매김되었다.

한국 학계에서 일부 학자들은 한국의 빗살무늬토기는 무늬에서 그 연고지인 북유럽이나 서부시베리아의 그것과 차이가 있는 점을 이유로(일부에서는 양자가 무관하다고까지 주장한다) 한국의 토기를 빗살무늬토기로 부르는 것은 부당하다고 지적하면서 유문(有文)토기

핀란드 소로 유적에서 출토된 빗살무늬토기 ● 우리나라 빗살무늬토기와 무늬 배열이 다르다.

니, 기하무늬토기니 하는 명칭을 주장한다. 그
러나 한국과 기타 지역의 빗살무늬토기가 기본
적으로 빗살무늬로 장식되어 있고, 그릇의 형태
(뾰족밑)가 비슷하며 무늬새기개〔施文具〕가 같다
는 점과, 특히 이 토기는 북유럽으로부터 시베리
아를 거쳐 한반도까지 뻗쳐 있는 신석기시대의 중
요한 문화대 중 하나를 이루고 있다는 사실을 감안
할 때, 그 연대성을 살려 통일적인 빗살무늬토기로
지칭하는 것이 바람직하다고 생각한다. 무늬에서의 세
부적인 차이는 장기간 먼 거리를 이동하는 과정에서 생
긴 토기 자체의 필연적인 발전적 변화라고 보는 것이 타당할
것이다.

빗살무늬토기 • 서울 암사동
출토.

빗살무늬토기란 토기의 겉면에 빗살 같은 기하학적 무늬가 새겨진
토기를 말한다. 이러한 무늬는 여러 가닥이 난 빗살 모양의 무늬새기
개로 그릇 겉면에 짤막한 줄을 누르거나 그어서 만든다. 그런데 북유
럽의 토기에서 보다시피 왕왕 빗살무늬와 함께 가는 참대관이나 새
뼈 같은 것으로 둥근 구멍을 찍은 무늬, 즉 타래무늬(일명 와문渦紋)가
새겨져 있어 '빗살무늬·타래무늬토기'라고도 한다. 그릇 형태는 대
체로 초기에는 바닥이 뾰족한 반달걀 모양이나 점차 깊은 바리바닥
모양으로 바뀐다. 이러한 토기는 지역에 따라 무늬나 모양에 약간씩
차이가 있고, 그 제작연대가 들쭉날쭉하지만, 신석기시대의 주요한
용기로서 신석기시대가 마감한 후에도 오랫동안 사용되어왔다.

빗살무늬토기는 대체로 기원전 4000년기부터 1000년기 사이에 주
로 산림이 우거진 강이나 하천 주변에서 수렵과 어업을 생업으로 하

는 사람들이 만들어 썼다. 아직까지 이 질그릇의 발원지가 어디인지는 확실하게 밝혀지지 않고 있다. 그러나 분포지에 관해서는 거의 견해가 일치하고 있어 그 교류상을 어느 정도 짐작할 수가 있다. 그 분포지를 살펴보면, 북유럽의 핀란드에서 출발하여 서북 러시아의 오까-볼가강 상류 지방을 거쳐 우랄산맥을 넘은 다음 중부 시베리아의 오브강 하류 지류인 라핀강 유역에 진출, 계속 동진하여 예니쎄이강 중류를 지나 바이깔호에 이른다. 거기서 동남쪽으로 꺾어 몽골초원이나 헤이룽강을 지나 한반도로 남하했는데, 그 여파는 일본 큐우슈우 지방까지 파급되었다.

그러나 이것은 어디까지나 분포지에 관한 고찰이지 결코 유동방향을 가리키는 것은 아니다. 만약 이것을 유동방향으로 착각하면 이 토기가 서방에서 발원해 점차 동방으로 전파되었다는 이른바 '서방기원설'로 오도될 수 있다. 특히 우리나라의 빗살무늬토기사와 관련해서는 더욱 민감한 문제가 아닐 수 없다. 초보적인 연구결과에 의하면 우리의 것이 시베리아의 것보다 1,000년이나 앞서 만들어진 경우가

있다. 그래서 아직은 섣불리 그러한 '서방기원설'로 단정해서는 안 될 것이다. 비록 발원지나 유동경로가 모호하기는 하지만, 분명한 것은 신석기시대에 북방의 드넓은 지역에 동서로 빗살무늬토기대가 형성되어 문명교류사의 서장을 장식했다는 사실이다.

우리는 이 문화대의 동쪽 끝에 자리하고 있으면서 그 당당한 구성원으로서 북방초원지대와 교류하고 문명을 공유했다. 이것은 우리 겨레가 태초부터 다른 지역의 인류와 더불어 문명사를 엮어왔다는 극명한

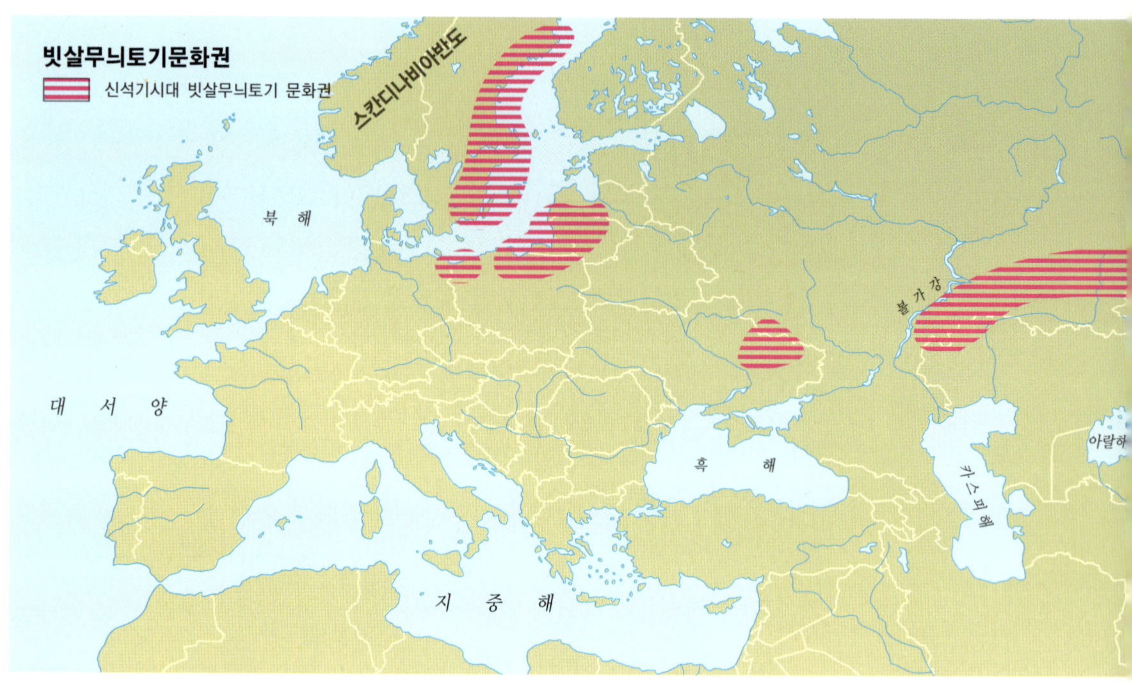

빗살무늬토기문화권

증좌다. 우리의 이러한 주장은 우리의 빗살무늬토기와 북방유라시아의 빗살무늬토기 사이에 몇 가지 공통요소가 있다는 데 근거를 두고 있다.

우선 무늬의 공통성과 유사성을 들 수 있다. 가장 보편적인 것은 빗살무늬인데, 우리의 것은 신석기시대 전반에 걸쳐 보편화되었으나, 유럽은 신석기시대 토기의 제1기에만 지배적인 무늬로 나타난다. 타래무늬의 경우 대·소타래무늬의 2종이 있는데, 유럽에서는 주로 토기 제2기에 나타나나, 한반도에서는 시기에 관계없이 골고루 선보인다. 그 밖에 빗살무늬와 타래무늬를 엇바꾸는 교대배열 형식에서도 유사점을 보이고 있다. 다만 다른 점은 한국토기에서는 무늬가 아가리 가장자리에 집중되고 있으나 유럽의 것은 아래쪽에 새겨져 있다

032

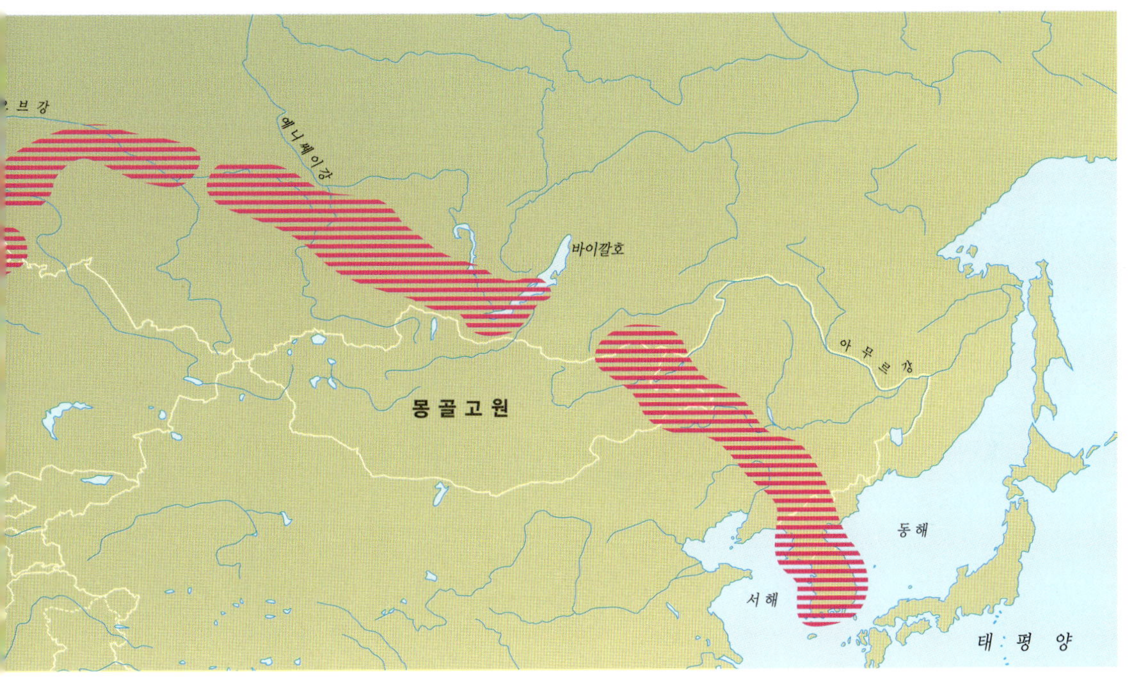

는 것이다.

다음으로, 그릇 모양에서도 유사성을 찾아볼 수 있다. 대부분의 한국빗살무늬토기는 뾰족바닥에 곧은 입술의 반달걀 모양으로서, 이것은 빗살무늬토기의 원초적 형태에 해당한다. 북유럽이나 시베리아의 초기 빗살무늬토기도 거의 이러한 형태이기는 하나, 후기에 와서 점차 바닥이 깊은 바리 모양을 취한다.

끝으로, 아가리 가장자리에 구멍이 뚫려 있다는 것은 수수께끼의 공통점이다. 서울 암사동 유적에서 출토된 빗살무늬토기를 비롯해 남북한 여러 유적에서 발굴된 빗살무늬토기의 아가리 가장자리에는 구멍이 한두 개 또는 그 이상 비기하학적으로 뚫려 있다. 이러한 구멍은 북방유라시아의 빗살무늬토기에서도 자주 발견된다. 이 구멍의

쓰임새에 관해서는 뚜껑을 비끄러매거나 어디에 달아매기 위해서라
느니, 장식용이라느니, 깨진 곳을 수선한 자국이라느니 등 여러 가지
설왕설래가 있지만 아직 정설은 없다.

이러한 공통성과 유사성이 바로 우리의 빗살무늬토기가 지닌 세계
성이며, 이로 인해 우리 겨레는 아득한 그 옛날부터 남들과 만나고
어울려왔으며, 드디어 신석기시대의 세계적 문화권 중 하나인 빗살
무늬토기문화권의 의젓한 일원이 되었다. 따라서 유구한 우리 겨레
의 역사에서 처음으로 남들과의 소통을 주선한 장본인은 다름 아닌
이 빗살무늬토기라고 말할 수 있다. 극히 소박하고 원시적인 이 질그
릇에 의한 세계와의 첫 만남이 우리 겨레의 역사, 특히 교류사에 남
긴 의미는 그만큼 오롯하다고 하겠다.

빗살무늬토기문화의 주역은 시베리아 초원 일대에서 활약하던 고
아시아인들이라는 것이 중론이다. 이들에 의해 주도된 이 문화가 이

들의 이동에 따라 북방유라시아대륙의 동서로 퍼졌으며, 급기야 우리의 한반도까지 전해졌던 것이다. 요컨대 빗살무늬토기의 전파는 고아시아인들의 한반도 유입에 따른 것이라고 말할 수 있다. 이를 계기로 우리의 자생토착문화에는 북방 초원문화라는 새로운 문화요소가 가미되어 고대 우리 문화를 더욱 살찌게 했던 것이다. 한편, 우리나라에서 발굴된 빗살무늬토기의 제작연대가 상대적으로 시베리아의 그것보다 더 오래되었을 수도 있다는 추정은 일찍부터 찬란하게 꽃폈던 우리의 빗살무늬토기가 시베리아로 역류되어 빗살무늬토기 문화 전반을 더욱 빛나게 했을 개연성을 뒷받침한다. 역사에선 종종 이러한 상승적인 역교류 현상이 일어난다.

이와 더불어 신석기시대에 고아시아인들과 함께 일구어놓은 빗살무늬토기문화는 적어도 청동기시대 이전까지 우리의 고대문화가 중국과는 무관하다는 역사적 사실을 시사해주고 있다. 채도(彩陶)에서 흑도(黑陶)로, 다시 백도(白陶)로 전승되는 중국의 토기는 우리의 토기와는 다른 길을 걸어왔다. 이것은 중국의 중화사상이나 우리의 사대주의 유습에 일침을 놓는 질그릇의 엄정한 증언이다. 그래서 우리는 빗살무늬토기를 역사적 만남의 시비를 가려낸 귀중한 문화유산으로 높이 평가하고 있다.

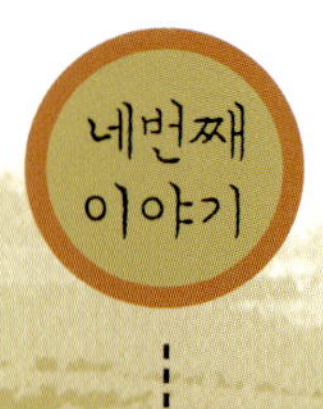

거석문화사에 우뚝 선
고인돌

세상에 흔한 것이 돌이라, 흔히들 돌을 무지나 아둔함, 그리고 무언
(無言)에 빗댄다. 그러나 인간의 슬기가 스며들었을 때, 돌은 '영원불
멸의 상징'이나 '수호신'으로 둔갑하기도 하고 말도 한다. 이것은 동
서양 어디서나 마찬가지다. 우리 민간신앙에서 돌은 '서낭바위' '마
을수호신' 등으로 신격화되는데, 그것은 돌이 풍요나 다산, 번식, 기
후의 순조로움, 전승, 평화를 가져다준다고 믿기 때문이다. 돌에서

삶에 내재하는 신성(神聖)을 찾는 셈이다. 그래서 버려졌던 큰 돌들이 인간의 주목을 받고, 인간은 이러한 돌들과 긴 시간여행을 떠나기 시작했는데, 그 역사는 100년이 채 안 된다. 문화유산은 색다르고 생소한 지식의 세계로 우리를 여행시켜주는 학습의 공간이다.

거석(巨石)이란 선사시대에 무엇을 기리거나 상징하기 위해 큰 돌로 만든 구조물, 즉 거석기념물(megalithic monument)을 말하며, 이러한 거석기념물을 수반하는 여러 문화를 통칭 거석문화(megalithic culture)라고 한다. 원래 거석기념물은 유럽의 대서양 연안지대에서 발견된 거석무덤이나 원시신앙과 관련된 각종 거석유물을 가리키는 말이었으나, 지금은 유럽뿐만 아니라 그 밖의 세계 여러 곳에서 발견되는 거석유물을 통틀어 일컫는 데 쓰인다. 거석문화는 대체로 신석기시대에 출현하여 청동기시대를 거쳐 철기시대 초기까지 긴 세월 생존해온 끈덕진 문화다. 그리고 드물기는 하지만 최근에 이르기까지 동남아시아의 일부 섬 지방에서는 여전히 거석기념물을 축조하는 이른바 '살아 있는 거석문화'가 남아 있어 생생한 연구거리를 제공하고 있다.

거석기념물은 지역에 따라 제작연대나 형태 및 기능이 조금씩 다르지만, 총체적으로 유형화하여 고찰할 수 있다. 긴 기둥 모양의 돌 하나를 지상에 수직으로 세운 멘히르(menhir, 독석獨石, 수석竪石, 선돌)와 돌기둥을 두 개 세우고 그 위에 평평한 돌을 한 개 가로 얹은 트릴리톤(trilithon), 그리고 돌을 여러 개 세운 위에 평평한 뚜껑돌을 얹은 돌멘(dolmen)이 있다. 보통 고인돌(일명 지석支石)이라고 부르는 이 돌멘은 좁은 의미에서 거석기념물을 뜻하리만큼 거석기념물 중에서 가장 많고, 또 분포지도 제일 넓다. 그래서 거석문화 연구의 초점

멘히르
돌멘
구멍 뚫린 돌멘
코리도툼
알리뉴망
크롬렉

이 되고 있다. 다음으로, 돌멘 앞에 큰 돌로 출입하는 통로를 만들고 흙을 쌓은 코리도툼(corridor-tomb, 연도분羨道墳, 널길무덤)과 기둥 모양의 돌을 여러 줄 배열한 알리뉴망(alignements, 열석列石), 여러 개의 돌을 일정한 간격에 따라 원형으로 둘러 세운 크롬렉(cromlech, 환상열석環狀列石)도 있다. 그 밖에 사람의 형상을 한 석상(石像)도 거석기념물에 속한다.

예나 지금이나 그토록 흔하고 무덤덤한 무생물인 돌이지만, 인간이 어떻게 요리하냐에 따라 문명의 한 화신으로 탈바꿈해 몇 가지 의미 있는 문명의 메씨지를 전한다. 우선 거석은 고대인의 묘장법(墓葬法)을 증언한다. 돌멘같이 그 자체가 무덤인 것도 있고, 무덤의 통로인 코리도툼도 묘장법의 일부다. 멘히르는 묘의 표지이기도 하지만, 생산과 풍요를 기원하는 남근(男根)숭배와도 관련된 것으로 보고 있다. 그리고 제단 주위에 배치된 거석은 종교행사용이고, 원형의 크롬렉은 태양숭배를 의미하며, 어마어마한 거석은 악마로부터 시체나 영혼을 수호하기 위한 성역(聖域)으로 풀이된다. 이와 더불어 육중한 거석은 위력을 상징하기도 한다. 바로 이러한 기능과 의미 때문에 거석기념물은 하나의 보편성을 띤 복합문화를 형성하고 장기간 존속되어올 수가 있었다.

거석기념물은 북유럽과 서유럽으로부터 지중해 연안과 인도, 동남아시아, 동북아시아를 거쳐 멀리 남태평양의 섬 이스터(Easter)에 이르기까지 지구의 동서 광활한 지역에 널리 분포되어 범세계적인 문화권을 이루고 있다. 그 연대를 보면 유럽과 지중해 일원에서는 신석기시대에, 그 이동 지역은 청동기시대 이후에 주로 만들어졌다. 이것은 자칫 거석문화의 '서방기원설'이나 '동전설(東傳說)'을 유발할 수

있는데, 아직은 그 확실한 전거가 잡히지 않고 있다. 문명의 전파는 단순한 연대 차이만으로는 단정할 수 없다. 거석유물은 주로 큰 바다와 인접한 곳에 밀집되어 있으면서 태양숭배와 관련이 있기 때문에 남방의 양석해양문화(陽石海洋文化)의 소산으로 보는 견해가 있다.

소속이야 어떻든 간에 거석문화는 오래된 하나의 큰 문화권을 이루고 있었음에 틀림없다. 그렇다면 이러한 문화권은 자생하였거나 아니면 교류에 의해 형성되었거나 둘 중 하나일 것이다. 자생치고는 문화의 보편성이 너무나 우연히, 그리고 너무나 넓은 지역에서 실현된 것이 못내 의아스럽기만 하다. 그렇다고 교류에 의한 것이라면, 엄청

모아이 ● 태평양 동쪽 끝 이스터섬에 있는 거대한 석상들이다. 언제 누가 무엇 때문에 만들었는지는 수수께끼지만, 제주도의 돌하르방, 올멕문명의 거대한 돌머리 등 인간의 형상을 거대한 돌로 표현한 유물들은 지구상에 널리 퍼져 있다.

난 거석이 어떻게 이동하였을까 하는 의문이 생긴다. 이 싯점에서 추단할 수 있는 것은, 자생도 부인할 수 없지만 그보다는 거석의 이동이 아니라 그 문화의 창조자들이 이동했거나 만나면서 이런 거석문화권이 이루어졌을 개연성이 더 크다는 점이다.

이 거석문화권의 한가운데에 우리 한반도가 우뚝 서 있다. 중국 동북 랴오닝(遼寧) 지방과 한반도, 그리고 일본 서부의 큐우슈우(九州) 지방을 망라한 동북아시아에서는 이른바 '고여 있는 돌'이란 뜻의 고인돌(돌멘)이 많이 발견됨으로써 이 지역을 '동북아시아 돌멘권'이란 하나의 거석문화 분포권으로 묶을 수 있다. 이 분포권에서 우리 한반도는 지리적으로 그 가운데 자리하고 있을 뿐만 아니라 유물도 가장 많다. '동북아시아 돌멘권'의 형성과 관련해 한 가지 주목되는 것은 한반도의 고인돌문화가 일본에 전파되었을 개연성이 있다는 사실이다. 일본 큐우슈우 지방에 분포되어 있는 고인돌은 죠오몬(繩文)시대 말기에서 야요이(彌生)시대 초기에 걸쳐 등장하는데, 그것들이 한국계 유물과 함께 발견되고 있어 일본 야요이문화가 한국에서 건너간 사람들에 의해 형성되었음을 시사한다. 그곳 고인돌에서는 한반도 고인돌에서 나오는 유물과 유사한 간돌검과 돌화살촉이 주요 껴묻거리(부장품)로 나오고 있으며, 민무늬토기와 붉은간토기 등 토기류와 청동기가 부장된 경우도 있다.

고인돌은 한반도 전역에 걸쳐 널려 있는데, 대개는 무리를 지어 있어 그 분포밀도가 상당히 높을 뿐만 아니라, 형태나 껴묻거리도 다양하다. 알려지기로는 지금 세계에 약 55,000기의 각종 거석유물이 있는데, 그중 고인돌은 그리 많지 않다. 거석유물이 많다고 하는 아일랜드에도 고인돌은 고작 1,500기밖에 없다. 그런데 한반도에는 약 40,000기(북한에 14,000~15,000기)가 집중되어 있다. 그중 전남 지방에서 발견된 것만 약 20,000기나 되니, 정말로 세계에서 유례가 없는 고인돌 밀집지역이다. '고인돌의 나라'라고 해도 과언이 아니다. 그래서 2000년 유네스코 세계유산위원회는 화순·고창·강화 지역의 고인돌군을 세계문화유산 제977호로 등록했다. 고인돌이 대표적 거석 기념물이라는 사실을 감안할 때, 우리는 커다란 문화적 긍지를 갖게 된다.

한반도에서 출토된 고인돌의 형식에 관해서는 다양한 견해가 있으나, 대체로 두 개의 굄돌〔支石〕위에 한 개의 덮개돌〔橫石〕을 얹은 탁

자식(卓子式, 북방식)과, 바둑판처럼 큰 덮개돌을 몇 개의 작은 받침돌로 괸 바둑판식(基盤式, 남방식)으로 크게 나누며, 그 중간 형식으로 덮개돌만 있는 형식〔蓋石式〕을 넣기도 한다. 그 밖에 고인돌과 함께 각종 민무늬토기〔無文土器〕와 석기류, 옥, 맷돌, 짐승과 사람의 뼈, 청동기 등 다양한 유물이 출토되고 있다. 이러한 형태와 출토유물로 미루어 볼 때, 한반도의 고인돌은 신석기시대와 청동기시대에 걸쳐 주로 무덤이나 제단으로 사용되었음이 분명하며, 숭배 대상이 되거나 수호석으로도 기능했을 것이다. 그런가 하면 해발 80m의 고지 위에 홀로 서 있는, 덮개돌 무게만도 50톤(운반에 400명가량의 인력이 필요)이 넘는 황해남도 관산리 고인돌 같은 거석은 어떤 권력자가 위력을 과시하기 위해 세웠을 것이다. 고인돌과 관련해 특기할 사항은 충청북도 제천시 황석리 고인돌에서 각각 키가 174cm와 145〜150cm의 사람뼈 2구가 발견된 사실이다. 복원 결과 머리는 짱구이고 코가 큰 서양인 얼굴에 가깝다는 것이 밝혀져 한반도에서의 인종 기원과 관련해 학계의 비상한 관심을 끌었다.

한반도 돌멘의 기원에 관해서는 남방의 벼농사문화와 함께 전해졌다는 남방기원설과, 동북아시아에 널리 퍼져 있는 상자식 돌널무덤에서 원류를 찾는 북방기원설, 그리고 자생설의 3가지가 있다. 아직은 어느 것 하나도 논거가 확실치 않다. 그러나 분명한 것은 우리의 고인돌이 거석기념물 본연의 보편성을 공유하고 있다는 사실과, 다른 지역 거석문화와의 연관성을 배제할 수 없다는 점이다.

이처럼 고인돌은 그 옛날 우리 겨레의 삶을 지켜주고 빛낸 값진 문화유산이기에 후손들은 늘 마음속 깊은 곳에 간직해왔다. 전라북도 고창군 지동마을 능선에는 훤칠한 위용의 탁자식 고인돌(일명 도산리

강화도 고인돌

지석묘) 하나가 서 있는데, 사람들은 '망북단(望北壇)'이라고 부른다. 병자호란 때 이 마을에서 태어난 송기상(宋基想) 선생이 의병을 일으켜 진군하던 중 굴욕적인 화의(和議)가 이루어졌다는 소식을 듣고 이 곳으로 되돌아와 호국충절을 다지며 평생토록 이 고인돌을 마음의 기둥으로 삼고 '망북통배(望北痛拜)'했다는 데서 그 이름이 유래했다고 한다. 이 땅의 고인돌 하나하나에는 우리 겨레의 얼과 넋이 살아 숨 쉬고 있다.

　이러한 얼과 넋은 겨레의 갈라짐을 넘어 딛고 오늘로 이어지고 있다. 2002년 남북한 고인돌학자들이 한자리에 모였다. 벙어리 냉가슴 앓듯 하다가 만남의 물꼬가 트이는 순간이었다. 반세기라는 한 맺힌 세월이 고인돌의 이름에서부터 그 기원과 제작연대에 이르기까지 남북한 학자들 사이에 얕지 않은 골을 파놓았다. 본의 아니게 하나의

046

역사를 놓고 서로 다르게 둘로 써왔다. 어찌 고인돌뿐이랴. 우리 겨
레 앞에 놓인 숙명적 과제는 본디 하나를 둘 아닌 하나로만 되게 하
는 일이다.

유라시아의 슬기를 어우른
동검

얄팍한 '왜학(倭學)'의 곡필과 우리의 후진 속에 오롯한 문명사의 한 장이 자칫 지워질 뻔했다. 옛 이야기가 아니다. 1920년대부터 일본 고고학계에서 한국에는 청동기시대가 없었다는 '청동기부재설'을 꾸며내면서 제멋대로 신석기시대와 철기시대 사이에 이른바 '금석병용시대(金石竝用時代)'라는 얼토당토않은 '시대'를 끼워 넣었다. 그네들의 말대로 금속붙이와 돌붙이를 함께 썼다면, 사실상 그 시대는 철기

시대지 무슨 '병용시대'는 아니다. 이러한 속내평도 모른 채 뒤떨어져 무지몰각(無知沒覺)했던 우리는 그네들의 주장을 그렇거니 하고 믿어왔다.

잃었던 빛을 되찾는다는 광복(光復)은 우리를 잠에서 깨웠다. 그러나 우리는 아직 제대로 깨어나지 못하고 일시 미로에 빠지기도 했다. 북녘에만 청동기시대가 있고 남녘에는 없었다는 이른바 '국부존재설'이 일부에서나마 나돌았다. 그러나 1960년대에 들어서면서 남북을 가리지 않고 이곳저곳에서 청동유물이 속속 발견되면서 우리 문명사의 원상이 복원되기에 이른다. 이 과정에서 우리의 찬란한 청동기문화가 그 면모를 하나씩 드러내고 있다.

원래 구리는 기원전 6000년경에 오늘의 중동 지방에서 채취되기 시작했으며, 기원전 4000년경에 이르러 비로소 구리와 주석을 합금시킨 청동이 만들어졌다. 그 후 청동기는 유럽과 중앙아시아, 시베리아를 거쳐 기원전 1000년경에는 동아시아에까지 알려진다. 이렇게 보면 청동기시대는 세계적으로 기원전 4000년부터 1000년까지 약 3,000년간 지속된 것이다.

청동기(bronze ware)란 청동으로 만든 기구를 말한다. 청동은 구리에 주석을 가한 합금으로서 주석의 비율은 3~18%이며, 주석의 합금률에 따라 청동기의 강도가 달라진다. 원래 청동이라고 하면 주석이 반드시 들어갔는데, 오늘날엔 주석이 들어 있지 않은 규소청동, 알루미늄청동 등의 동합금도 청동으로 인정하고 있다. 청동은 구리와 주석이 주성분이지만, 그 밖에 질적 개선을 위해 다른 원소를 합금하기도 한다. 이것을 특수청동이라고 한다. 구리와 아연의 합금인 황동에 비해 청동은 주물이 쉽고 부식을 견디는 내식성(耐蝕性)이 강하다. 그리하여 일찍부터 청동은 인기가 높아 활발한 교역의 대상이 되었다. 이딸리아 동남부에 위치한 브룬디씨움(Brundisium)시는 청동 교역으로 이름난 고장으로, 이 도시 이름을 따서 청동을 '브론즈'(bronze)라고 명명했다고 전해진다.

청동기문화란 청동기가 실용화된 시대의 문화를 말한다. 청동기의 실용화란 청동을 소재로 사회생활에 필요한 용기(容器)나 이기(利器)를 만들어 사용하는 것을 뜻한다. 이러한 문화는 경제와 기술, 문화가 일정한 정도로 발달하여 석기시대의 원시성에서 벗어난 특정 역사시대에 나타난다. 청동기문화는 단지 청동기를 기구로 사용했다는 사실만으로는 규정될 수 없으며, 사회 여러 분야와의 유기적 연관

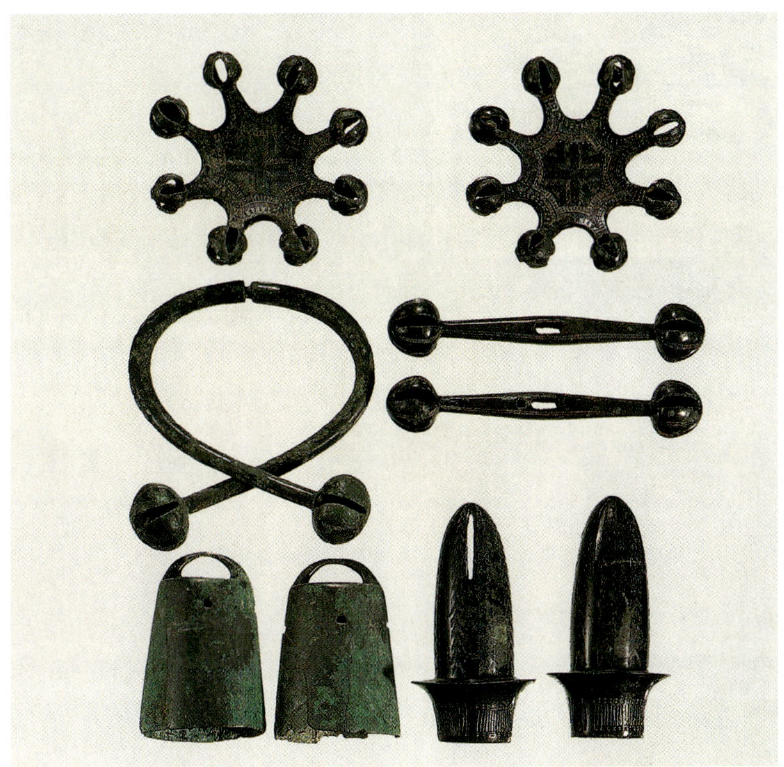

속에서 이루어지고 발달하게 된다. 따라서 모든 지역의 청동기문화
는 발생으로부터 조락에 이르기까지 양상이나 규모에서 하나같지 않
은 일정한 특수성을 지니고 있다. 그러나 각 지역의 청동기문화를 통
관하면, 청동기를 비롯한 합금 용기와 이기가 사용되고, 도시문명이
발달하며, 축력을 이용한 정착농경이 시작되고, 원시적인 종교와 예
술이 출현하는 등 전대와 구별되는 일련의 보편적 특색을 볼 수 있
다. 한국의 청동기문화도 예외는 아니다.

한반도 각지에서 세형동검을 비롯해 구리로 만든 창, 칼, 단추, 화
살촉, 긴 손잡이가 달린 창, 방울, 동탁(銅鐸), 도끼 등 다양한 유물이

적지 않게 발굴되었다. 이러한 유물은 주로 고인돌(지석묘), 널무덤(토광묘), 독무덤(옹관묘) 등 여러 유형의 무덤에서 나왔는데, 함께 나온 출토물로는 주로 팽이 모양이나 뿔 모양의 민무늬토기와 간돌칼, 반월도(半月刀, 반달 모양의 칼) 같은 석기류가 있다.

한국 청동기시대의 연대에 관해서는 그 시작을 어떤 기준에서 보는가에 따라 학계, 특히 남북한 학계의 견해가 좀 다르다. 연대의 하한을 기원전 4~3세기경으로 보는 데는 대체로 일치하나, 상한에 대해서는 기원전 2000년설(북한)과 기원전 1000년설(남한)로 엇갈리고 있다. 연대야 어떻든 간에 우리나라에서 청동기문화가 고조선시대에 꽃폈다는 데 대해서는 누구도 이의를 달지 않는다. 그만큼 고조선은 발달된 청동기문화로 인류문명의 창달에 응분의 기여를 했다. 고조선 사람들은 구리와 주석 말고도 남달리 아연을 섞어 현대의 주조기술로도 어려운 불가사의한 잔무늬거울(다뉴세문경 多鈕細文鏡) 같은 아름답고 질 좋은 각종 청동기를 만들어냈을 뿐만 아니라, 유라시아와의 교류를 통해 청동기문화를 한결 살찌웠다.

잔무늬거울

기원전 2000년 초부터 남시베리아 일대에서 전개된 안드로노보(Andronovo) 청동기문화에 의해 중앙유라시아는 일제히 청동기시대에 들어갔다. 그러다가 기원전 1200년경에 이 문화의 모태에서 우리의 청동기문화와 관련이 많은 *까라쑤끄*(Karasuk) 청동기문화가 태동했다. 이 문화는 예니쎄이강 중류의 미누씬스끄(Minusinsk)와 알타이 지방에서 성행했는데, 그 여파는 동쪽으로 바이깔과 몽골 지방을 거쳐 한반도까지 미쳤다. 까라쑤끄 청동기문화의 특징인 돌널무

덤이 한반도뿐만 아니라, 고대 한민족이 활동하던 중국 동북의 지린(吉林)과 랴오닝(遼寧) 일대에서 청동제 단검이나 단추 등의 유물과 함께 발견되고 있다. 이것은 한국 청동기문화와 까라쑤끄를 비롯한 북방시베리아 청동기문화 간의 상관성을 짙게 시사해 준다.

이와 더불어 한반도에서 출토된 조형(鳥形, 새 모양)안테나식 세형동검(細形銅劍)은 청동기시대 유라시아와 한국의 만남이 빚어낸 상징적 융합물이다. 안테나식 검(Antennenschwert, Antennae Sword)이란 칼자루 양끝이 벌레의 더듬이(촉각)처럼 위로 뻗어 올라갔거나 둥글게 구부러져서 고사리 같은 타래 모양[渦形]을 이루고 있는 검을 말한다. 이것은 본래 청동기시대 말기(기원전 9~8세기)에서 철기시대에 걸쳐 중부 유럽에서 성행한 검 형식이다. 조형안테나식 세형동검이란 새 모양의 칼자루를 갖춘 한국 특유의 좁은너비 놋단검을 말한다. 중국 랴오닝 일대에서 한반도를 거쳐 일본 서부에 이르는 지역에서 촉각식 동검(觸角式銅劍)이라고 하는 이러한 동검이 발견되는데, 그 발생지에 관해서는 아시아니 유럽이니 하는 등 이론(異論)이 있어, 막연하게 '북방식 검'이라고도 부른다. 이에 관한 판명은 그 열쇠를 쥐고 있는 우리의 몫일 것이다.

조형안테나식 세형동검의 대표적 유물이 청동기시대

말기 또는 철기시대 초기의 것으로 추정되는 대구 비산동 분묘유적에서 출토되었다. 그곳에서 모두 5점의 세형동검이 발굴되었는데, 그 중 1점이 바로 이런 식 동검이다. 길이 32.2cm, 너비 3.1cm, 칼자루 길이 12.5cm의 이 동검의 칼자루는 대나무 모양으로 마디가 있고 칼자루 끝 장식은 오리 모양의 새 두 마리가 머리를 틀고 서로 마주 보는 형상을 하고 있다. 이와 유사한 칼자루가 평양에서도 출토된 바 있다. 그런가 하면 고대 한민족이 활동하던 중국 랴오닝성 시평현(西豊縣) 시챠꺼우(西岔溝)의 밀집토광묘군에서도 전체 길이 57cm의 편화(便化)된 조형안테나식 동검이 출토되었고, 이웃인 일본 쯔시마시(對馬市) 미네마찌미네(峰町三根)와 큐우슈우 북단의 사가현(佐賀縣) 카라쯔시(唐津市) 카시와자끼(柏崎)에서도 길이가 각각 15.1cm와 26.5cm 되는 역시 편화된 이런 유형의 동검이 발견되었다. 이상 세 나라에서 발굴된 유사 유물들은 기원전 3세기부터 기원후 1세기까지 약 300～400년간에 걸쳐 만들어진 것으로 추정된다.

일반적으로 검의 기원지는 유럽으로 알려져 있다. 기원전 2000년 경 에게해 지방에서 처음으로 장검이 무기로 사용되기 시작하여 기원전 15세기에 이르러서는 북·중유럽의 여러 지역에서 성행하다가 청동기시대 후기에 지금의 독일 지역으로 전해져서 큰 발전을 보게 된다. 독일 지역에서는 넓은 접시 모양의 칼자루를 취하다가(기원전 10세기), 그것이 점점 커져서 두 끝이 위로 뻗어 올라가는 뫼리게르(Möriger)식 검으로 변한다. 이것이 바로 안테나식 칼자루의 원형이다. 다시 기원전 9세기(할슈타트Hallstatt B2기)에 와서는 칼자루 두 끝이 고사리처럼 감겨서 완전한 안테나식이 된 이른바 쮜리히(Zürich)식 검 모양으로 굳어진다.

쮜리히식 검의 칼자루

이렇게 독일 지역에서 출현한 안테나식 동검이 동진하여 중앙아시아나 시베리아, 몽골을 거치는 과정에서 그곳에 유행하던 스키타이 동물장식의 영향을 받아 새 모양을 받아들인다. 그것이 다시 한국을 비롯한 세형동검 문화권에 들어와서는 칼몸이 좁아져서 마침내 특유의 조형안테나식 세형동검이 출현하게 되었다. 이 새로운 형태의 동검이 일본까지 전파되어 중국 동북부와 한국, 일본을 망라하는 이른바 ‘조형안테나식 세형동검 문화권’을 형성했다. 이 문화권의 중심에 가장 세련된 융합 동검을 만들어낸 한국이 자리하고 있다.

문명은 교류하는 과정에서 이질 문명 간의 접촉으로 인해 이러저러한 접변(接變, acculturation)이 일어나게 된다. 그러한 접변에는 서로 다른 문명 요소가 건설적으로 조화되어 일어나는 융합(融合, fusion)과 피차가 아닌 제3의 새로운 문명이 형성되는 융화(融化, deliquescence), 그리고 일방적 흡수인 동화(同化, assimilation)의 3가지 형태가 있다. 그중 융합은 선진문명을 받아들여 전통문명을 발전시키고 풍부하게 만드는 등 순기능을 한다. 이에 비해 융화는 그 기능이 유동적일 뿐만 아니라 드문 현상이며, 동화는 전통문명을 말살하는 역기능을 한다. 역사는 문명 간의 조화로운 융합만이 인류가 공생공영하는 길이라는 것을 증언하고 있다.

보다시피 조형안테나식 세형동검은 구성 요소에서 유럽의 안테나식 칼자루에 북방유목문화의 동물장식이 곁들여진 후 한국 고유의 좁은 칼몸과 접목된 청동기시대의 전형적인 융합물이다. 실로 유라시아의 슬기를 보듬고 어우른 우리의 자랑스러운 문화유산이다.

여섯번째 이야기

수천 년의 유대를 지켜온 벼

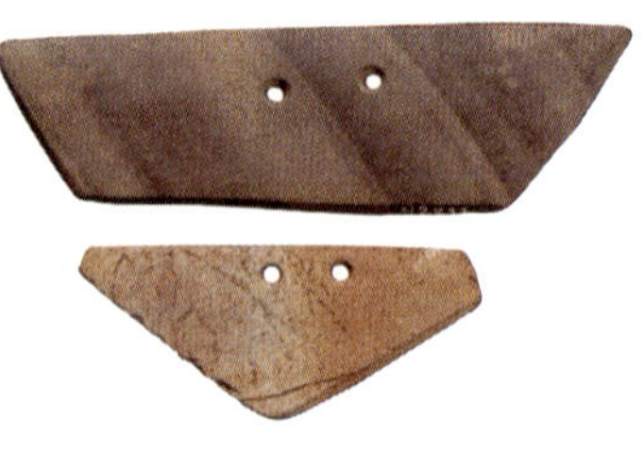

우리와 남들을 이어주는 유대치고 벼만큼 끈끈하고 오래된 것은 없다. 그것은 아마 벼야말로 '벼문화권'이란 하나의 유대로 묶여 있는 사람들 모두의 생명원으로서 수천 년 동안 서로 간의 문화적 공유성과 상관성을 줄곧 유지할 수 있게 했기 때문일 것이다. 다시 천지개벽이 일어나지 않는 한, 이 유대는 결코 끊이지 않을 것이다.

300만 년의 인류역사에서 농업이 시작된 것은 불과 1만 년 전 일이

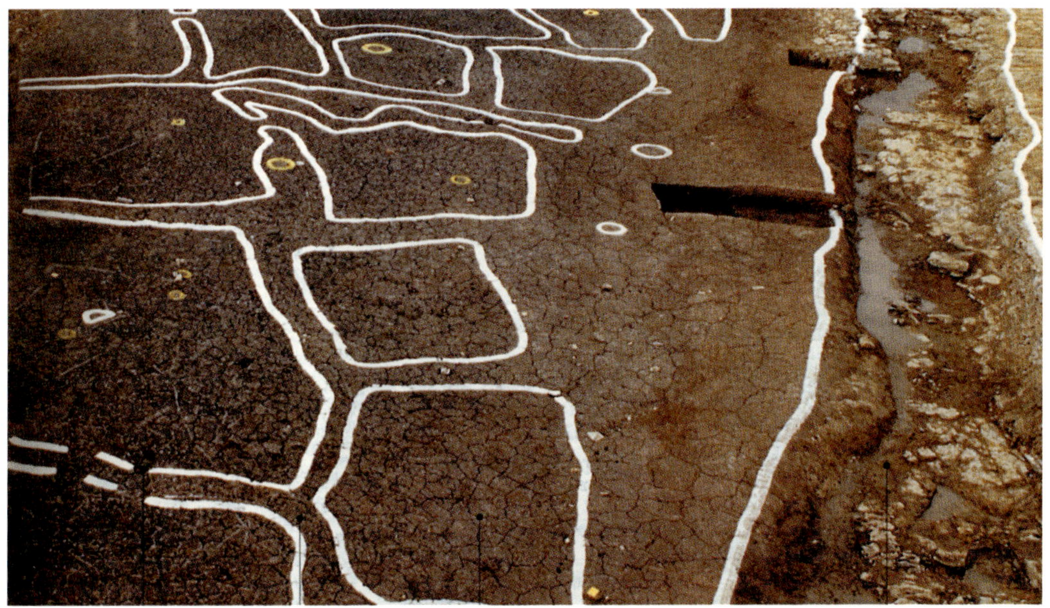

다. 그 긴 세월을 열매를 따고 고기를 잡으며 살아온 인간이 그제야 동식물을 사육하고 재배해서 식량을 획득하는 농업생산단계에 진입했다. 이것은 인류역사에서 일대 혁명이었다. 농업이 어떤 환경 속에서 시작되었는지에 관해서는 아직 연구의 여지가 많으나, 지금까지 알려진 바로는 서아시아와 동남아시아, 아프리카, 중·남아메리카 등 여러 지역에서 거의 동시다발적으로 특이한 농업문화권이 생겨났던 것이다.

자연물에만 의존하던 시대에는 수천 가지 식물이 식용되었으나, 농업단계에 들어와서는 100~200가지가 재배되다가 현재에 이르러서는 주식으로 꼽히는 것이 10가지 내외로 압축되었다. 그중에서도 밀, 쌀, 옥수수가 3대 주종을 이루고 있다. 그러나 아메리카대륙이 원산지이며 대부분이 가축사료로 쓰이는 옥수수를 제외하면, 밀과 쌀이 세계 주식량의 2대 줄기를 형성하고 있다. 이 두 가지가 각기 서아시아와 동남아시아에서 기원하여 2대 주식 곡물로 자리를 굳히게 된 것은 6,000~7,000년 전부터다.

지금까지 밀을 비롯한 보리류 재배의 기원이나 그 전파, 종류 등에 관해서는 학문적으로 확실하게 구명되었지만, 이에 비해 벼농사에 관해서는 많은 문제들이 해명되지 않은 채 남아 있으며, 이론이 분분하다. 그간 고고학, 역사학, 인류학, 농학, 식물학 등 다방면적이며 입체적인 조명을 통해 괄목할 만한 연구성과가 이루어져 대체적인 윤곽이 드러나고 있지만, 특히 벼농사의 기원이나 전파에 관해서는 아직 미해결 문제가 많이 남아 있다.

지금까지의 통설에 의하면, 원조 벼에는 오리자 글라베르리마(Oryza glaberrima, 서아프리카 벼)와 오리자 사티바(Oryza sativa, 아시아 벼)라는 두 종류가 있는데, 전자는 서아프리카(니제르강 유역)에서 발생한 것으로 보나, 후자의 기원에 관해서는 여러 가지 견해가 있다. 그중 인도의 서북부 아삼지대와 중국 남부 윈난(雲南)지대를 아우르는 이른바 '아삼·윈난지대설'이 가장 유력시되고 있다. 아시아 벼는 다시 인도를 비롯한 동남아시아와 중국 양쯔강 이남에서 재배하는 인디카(Indica, 인도형 메벼)와 양쯔강 이북과 한국, 일본 등 동북아시아 일원에서 재배하는 자포니카(Japonica, 일본형 찰벼)로 대별된다. 그 밖에 주로 동남아시아에서 재배하는 자바니카(Javanica, 자바형)가 있다. 형태상으로 보면 인디카는 좀 길쭉하다고 하여 장립형(長粒形)이라 하고, 자포니카는 단립형(短粒形)이라고 한다. 그런데 이제 길고 짧은 형태가 섞여 있는, 가장 오래된 소로리볍씨가 등장했으니, 이상의 통설에 대한 새로운 도전이다. 행여 '소로리카'(Sororica)로

태어나 인디카와 자포니카의 조상이 아니 될지 두고 볼 일이다.

예나 지금이나 벼는 물리적으로 우리의 생명원(生命源)일 뿐만 아니라, 생태적으로도 우리의 보호원(保護源)이다. 벼의 껍질을 벗겨낸 알맹이인 쌀은 우리네 주식이라서 그 중요성에 관해서는 구태여 중언부언할 필요가 없거니와, 속겨는 사료나 비료, 기름이나 제약원료로 쓰이며, 겉겨는 태워서 흡수제로 쓰기도 하고 그대로는 포장용으로 인기가 있다. 그런가 하면 볏짚은 또 볏짚대로 가축사료나 방한재료로 쓸모가 있다. 이렇게 보면 벼는 어느 부분 하나 버려지는 것이 없다.

그뿐이랴. 벼는 생태적으로 환경을 보전하는 기능을 한다. 우리나라에서 홍수가 지는 여름철은 벼농사가 한창인 때라서 논은 홍수조절 기능을 하는 거대한 댐과 같다. 보통 논둑 높이를 27cm로 치면 우리나라 전체 논(1,345,000ha)에 가둘 수 있는 물은 춘천댐 저수량의 24배에 맞먹는 약 36억 톤이나 된다고 한다. 다목적댐 건설비용으로 환산하면 무려 15조 원이나 공얻는 셈이라고 하니, 실로 크나큰 혜택이 아닐 수 없다. 그 밖에 논은 비탈진 밭에서 씻겨 내리는 흙을 받아서 보존하기도 하고, 물이 논으로 들어와 작물생산에 이용되는 동안 정화되어 수질이 좋아지며, 벼가 논에서 자라는 동안 광합성 작용을 통해 이산화탄소를 흡수하고 산소를 방출함으로써 대기를 정화하는 역할도 해내 환경이 보전된다.

이러한 물리적·생태적 기능 때문에 벼는 아득한 그 옛날부터 삶의 버팀목으로 우리를 지켜주었다. 그렇다면 우리는 언제부터 벼를 심어 쌀밥을 먹기 시작했을까? 이에 대해서는 지금까지도 낙점을 보지 못하고 있다. 그것은 유물이 발굴됨에 따라 그 상한선이 대단히 유동적이기 때문이다. 1970년대 중반까지만 해도 일본 학자들이 1920년대 김해 조개더미〔貝塚〕에서 나온 유물에 관해 연구한 결과를 좇아 우리나라의 벼농사는 고작 기원전 1세기경에야 시작되었다고 했다. 그래서 우리의 벼농사는 이미 기원전 3세기에 벼농사를 받아들인 일본으로부터 유입되었다는 황당한 주장까지 나돌았다. 그러나 1970~80년대 경기도 여주군 흔암리와 평양시 삼석구 남경, 충남 부여군 송국리 등 여러 유적에서 기원전 1000년경의 탄화미(炭化米)가 속속 출토됨으로써 벼농사의 시작을 청동기시대로 밀어 올렸다. 그러다가 1990년대에 들어와서는 경기도 김포시 가현리와 경기도 고양시 일산 가와지 유적에서 기원전 2000년경의 탄화된 볍씨가 발견되자, 다시 그 상한을 신석기시대 후기로 올려 잡았다.

그러다가 벼의 역사에 획을 그을 만한 놀라운 발견이 이 땅에서 이루어졌다. 1998년과 2001년 두 차례에 걸쳐 충북대, 서울시립대, 단국대, 한국지질자원연구원 등 4개 팀이 충북 청원군 옥산면 소로리 오창과학산업단지 구석기유적에서 지금으로부터 약 17,000~13,000년 전(미국 GX방사선연구소는 14,820~13,010년 전으로 측정)의 토탄층(土炭層, 유적이 보존되어 있는 흙층)에서 모두 59톨의 볍씨가 발견되었다. 출토 볍씨는 고대벼와 유사벼의 2종인데, 고대벼는 길고 짧은 것이 섞여 있으며 그중 완전한 낱알이 9알, 파편이 3개가 있다. 유사벼에는 완전한 낱알 2개, 반쪽짜리 5개, 파편 7개가 포함되어 있으며, 검사 결과 현대벼와는 약 39.6%의 유사성이 있음이 입증되었다.

소로리볍씨

여러 학문분야의 공동연구를 진행하여 얻은 결과가 처음으로 1999년 필리핀에서 열린 제4회 유전학국제회의에서 발표되어 참가자들의 공감을 얻은 후 2002년 제1회 소로리볍씨 국제학술회의에서 발표되었다. 이듬해에는 워싱턴에서 열린 제5회 세계고고학대회에서도 소개되어 국제 학계의 큰 반향을 불러일으켰다. BBC와 AFP통신을 비롯한 세계적 언론매체들도 앞을 다투어 특집으로 다루었다. 그도 그럴 것이 이 소로리볍씨는 지금까지 가장 오래된 볍씨로 알려진 중국 양 쯔강 유역 옥섬암(玉蟾岩) 유적에서 출토된 볍씨(약 11,000년 전)보다 수천 년 앞선, 그래서 세계에서 가장 오래된 볍씨로 인정 가능하기 때문이다.

물론, 구석기시대에는 벼농사가 아직 없었다는 통념이라든가, 앞의 가와지볍씨와 소로리볍씨 사이의 편년 차가 수천 년이나 되지만 그 중간 유물이 발견되지 않았다는 사실 등 재고해야 할 점이 있어 학계 의 반응은 조심스럽지만, 일단 과학적인 연대측정법에 의해 확인된 이상, 우리는 소로리볍씨가 갖는 의미를 숙고해야 할 것이다. 넓게는 전 세계 수십 억 인구가 주식으로 삼고 있는 벼의 기원이 구석기시대 까지 올라간다는 것이 밝혀짐으로써 벼농사가 7,000~8,000년 전 인 도나 동남아시아, 중국 남방에서 시원했다는 종래의 학설에 대한 새 로운 수정이 요청되며, 좁게는 우리나라의 벼가 남·북방 양로를 통 해 중국으로부터 들어왔다는 전래설(대륙을 거쳐 전래되었다는 북방설, 중국 산뚱반도에서 해로로 한반도 중부에 전래되었다는 설, 중국 강남에서 우리나라 남해 안 지방으로 전래되었다는 설)의 종언을 뜻하기도 한다. 요컨대 벼가 세상 에서 가장 먼저 우리나라에서 자생했다는 개연성을 시사하는 것으로 서, 그 자체가 엄청난 충격이고 커다란 보람이 아닐 수 없다. 전말이 야 어떻든 간에 자생(창조)과 전래(모방)는 상호보완관계이며, 때로는 공존하는 동전의 양면과 같을 수도 있다는 점을 감안할 때, 분명한 것은 벼가 수천 년 동안 우리와 세계를 이어준 유대라는 사실이다.

탄화미 같은 실물과 함께 볍씨 자국이 찍힌 청동기시대의 토기조각 과 벼농사와 관련된 농경무늬청동기나 반월형 돌칼〔半月形石刀〕 같은 껴묻거리도 이곳저곳에서 출토되고 있다. 이 농경무늬청동기에는 이랑이 또렷한 밭과 쌍날따비, 괭이 등이 그려져 있다. 그런가 하면 충남 보령시 관창리와 전남 무안군 양장리 유지에서는 논과 밭이 있었던 흔적도 발견되었다. 그리고 논농사와 관련된 최초의 문헌은 "변진국들은 오곡과 벼 재배에 알맞다"라고 쓴 3세기 후반의 중국 사서 『삼국지』「위지(魏志)」‘변진(弁辰)’조이며, 우리나라의 첫 기록은 백제 2대 다루왕(多婁王)이 등위 6년(33) 2월에 "명을 내려 처음으로 벼를 심을 도전(稻田, 논)을 만들게 하였다"는 기사가 『삼국사기』「백제본기」에 보인다. 이러한 제반 사실은 우리나라에서 벼농사가 청동기시대에 본격화되었음을 말해준다.

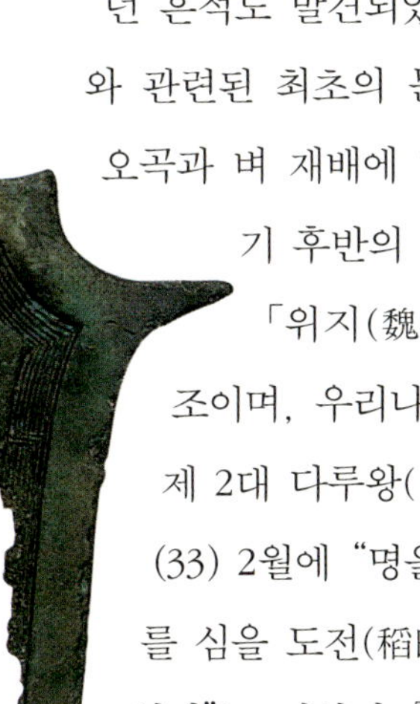

비록 벼농사는 본격화되었지만, 쌀이 우리네 주식이 되기까지에는 오랜 세월이 걸렸다. 벼농사를 하기 전까지 우리 조상들의 주식은 조나 보리 같은 잡곡이었다. 쌀 생산이 일취월장으로 늘어나기는 했지만, 5~6세기까지도 쌀은 귀족 식품에 불과하였으며, 고려시대에도 물가의 기준이 되거나 봉급으로 줄 정도로 귀중품이었다가, 조선시대에 와서야 곡물의 주종으로 떠올랐다. 원래 벼는 남북 위도 40도

이내에서 연중 서리 없는 날이 150일 이상인 고온다습한 고장(연강수량 1,000~1,200mm)에서 재배되기 시작했으나, 오랜 경작과정에서 변이(變異)가 생겨 지금은 그런 지리조건에만 국한되지 않는다.

아무튼 벼농사는 지난 수천 년 동안 지구 방방곡곡으로 퍼져나가 하나의 범지구적 문화권을 이루고 있다. 여기에는 5대주의 110여 개 나라가 포함되어 있는데, 단연 그 주역은 재배면적의 90% 이상을 차지하는 아시아다. 그 동쪽 끝에 '소로리카'를 갈무리한 우리나라가 자리하고 있다. 벼가 이토록 널리 퍼지고 오래 생존하면서 끈덕진 유대로 역할할 수 있었던 것은 그 독특한 친화성과 순화력(馴化力) 때문이다. 본래는 고온다습한 지역의 식물이었으나, 재배법의 개선에 따라 북위 53도의 한랭건조한 지역에서도 재배가 가능하게 되었으며, 급기야 그 품종이 5,000여 종에 달했다. '소로리카'가 환경에 적응해 유전적으로 변한 순화벼라든가, 1971년 우리나라에서 3원교배(三元交配)로 탄생시킨 다수확 품종인 '통일벼'는 그 생생한 실례들이다.

벼농사의 긴 역사가 보여주듯이, 친화성과 순화력은 문명의 산생과 성장을 결과하며, 문명의 보편성과 개별성을 조화시켜주는 중요한 요인이다. 그것을 이탈하거나 상실했을 때, 문명은 생존 근거를 잃게 되어 결국 도태되고 만다.

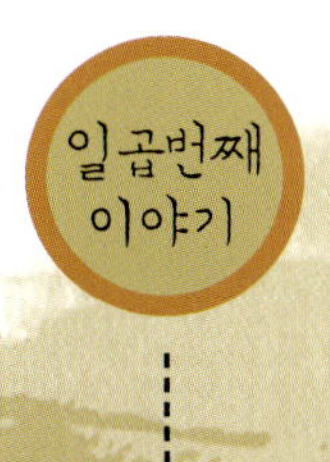

한·중 교류의 서막을 연
서복

어릴 적 어른들로부터 불로초를 구하러 진(秦) 시황제가 동남동녀(童
男童女) 수천 명을 우리나라 쪽에 보내왔다는 신비스러운 이야기를
자주 들었다. 그런 선약(仙藥)을 구해갔는지, 못 구해갔는지는 저마
다 하는 소리가 달라서 종잡을 수 없었고, 또 그들이 어디서 무엇을
했는지도 통 오리무중(五里霧中)이었다. 어쩌면 이것이 전설의 매력
일는지도 모른다. 그러나 따지고 보면 그 매력은 허구가 아닌, 사실

의 투영 때문일 수도 있다. 사실 전설은 상상과 가공이라는 허구적 요소로 포장되어 있지만, 일정한 사실성과 역사성도 반영한다. 그래서 전설은 오래도록 전승되며, 또한 전설을 통해 역사적 사실을 방증하는 경우가 종종 생기게 된다.

이 불로초 전설의 중심에는 서복(徐福, 일명 서불徐巿)이라는 방사(方士)●가 서 있다. 사실 그가 바다로 동쪽을 향해 갔다는 '출해동도(出海東渡)'는 기원전 3세기경 중국과 한국, 일본 세 나라의 관계에 얽힌 역사적 현장으로서 그 의미가 자못 크다. 일본 사람들은 서복을 고대 일본문명을 일으킨 문명개조(開祖)로 보고 있다. 그래서 중국과 일본 학계에서는 일찍부터 활발한 연구활동을 벌여 각각 4개와 5개의 학회가 있고 관련 논문만도 200편 넘게 내놓았으며, 정기적으로 학술대회를 개최하고 있다. 그러나 주요 당사자인 한국에는 유명무실한 2개의 지방조직이 제주도에 있을 뿐이다. 2002년 섬 고장 제주도 서귀포에서 어렵사리 '서복과 동아시아 문화교류'란 주제를 걸고 3국 학술모임을 한 번 열었지만, 뭍에 사는 사람치고 아는 사람은 별로 없다. 서울에 있는 중앙 언론에 보도 한 줄 없었으니 그럴 수밖에. 그러나 사람들의 무관심에도 불구하고 전설과 그 주인공은 오늘날까지도 이러저러한 문헌기록과 유적·유물, 그리고 민간 구전 속에 살아 숨 쉬고 있다.

서복의 도한(渡韓) 문제와 관련해 중·일 학계에서는 서로 엇갈리는 주장이 맞서고 있다. 서복이 한국에 이르렀거나 종착했다는 도래설과, 이에 반해 한국에 이르거나 머물지 않고 지나가기만 했다는 이른바 경유설이 바로 그것이다. 도래설의 근거는, 당시 서복 일행에게는 일본에 관한 지식이 있을 수 없으며, 또한 당시의 뒤떨어진 조선

● 신선의 술법을 닦는 사람.

술이나 항해술로는 머나먼 일본까지 항행할 수 없다는 것이다. 그런 가 하면 경유설의 근거도 두 가지인데, 그 하나는 만일 서복이 조선 땅에 이르러서 패왕(覇王) 노릇을 했다면(중국 『사기』에는 서복이 왕이 되 어 돌아오지 않았다고 기술) 불과 몇십 년 후에 연(燕)나라의 위만(衛滿, 기원전 194~?)이 구태여 다시 조선에 갈 리가 없었으니 서복의 도한은 있을 수 없는 일이라는 것이고, 다른 하나는 서복이 평지나 진펄이 적은 조선에 갔다면 사마천(司馬遷)이 『사기』에서 서복의 도착지를 '평원광택(平原廣澤)', 즉 '평탄한 들판과 넓은 진펄'이 있는 곳이라 고 썼을 리가 만무하다는 것이다.

아무튼 도래설과 경유설의 옳고 그름을 가리는 것은 서복의 도한 문제를 풀어나가는 출발점이 될 뿐만 아니라, 전반적인 그의 동도 문제를 올바르게 조명하는 데서도 중요한 한 고리가 될 것이다. 또한 서복의 도한 문제는 고대 한·중 간의 교류관계를 고찰하는 데서 개창적 의미가 있으므로 그 해결은 중요한 역사적 과제가 아닐 수 없다. 그 문제는 관련 문헌기록과 잔존유물 및 전설들을 취합하고 분석함으로써만 풀릴 것이다.

중국의 사서 『사기』와 『삼국지』 등에 나오는 서복의 동도와 관련된 7종의 기사를 종합해보면● 진시황은 방사 서복의 거듭되는 청을 받고 선약(불로초)을 구하기 위해 동남동녀 3,000명과 함께 오곡(五穀)과 쇠뇌까지 지닌 각종 공장(工匠)들을 바다에 들여보냈는데, 그들이 택한 행선지는 '가기에 멀지 않은' 발해 한가운데에 있는 봉래산(蓬萊山)과 방장산(方丈山), 영주산(瀛洲山)의 삼신산(三神山)이다. 그런데 선약을 구할 수 없게 된 서복 일행은 죽음이 두려워서 감히 돌

아오지 못하고 떠돌아다니다가 회계(會稽)바다 밖에 있는 단주(澶洲)나, '평원광택'이 있는 그 어느 곳에 정착했다는 것이다.

이 내용 중에서 우리의 관심을 끄는 것은 서복 일행의 내한(來韓)과 관련된 것이다. 당초 행선지로 잡은 삼신산과 그 산들이 있었다는 발해, 그리고 종착했다는 단주가 다 한반도 판도 내에 속한다. 단군 이래 우리 겨레의 고유 신앙체계인 신선사상에서

068

영향을 받은 진나라 사람들이 말하는 삼신산은 오늘의 금강산과 지
리산, 한라산을 가리키며, 진대(秦代)의 발해는 오늘의 발해와 황해
를 망라한 한반도 주변의 해역이다. 회계는 오늘의 중국 져쟝성(浙江
省) 후이지(會稽)이고, 단주는 선인들이 사는 동해상에서 회계와 교
역하는 곳이라고 하니, 십중팔구는 한반도 내의 어느 곳일 것이다.
일부 한국 학자들은 발음의 유사성(tan)을 들어 단주를 탐주(耽州),
즉 제주도에 비정하기도 한다. 단, '평탄한 들과 넓은 진펄'이 있는 땅
이 어디인가에 관해서는 이론이 있는데, 일본사람들은 그것을 서복
이 일본에 이르렀다는 유일한 증거로 삼으며, 거기에 봉래산을 후지
산(富士山)이라고 한술 더 뜬다. 신빙성이 없는 주장이다.

　이러한 문헌기록과 더불어 서복의 내한과 관련된 유적·유물로는
절벽에 새긴 글(마애각) 5점과 바위에 새긴 글(암각) 1점이 있다. 그중
제주도 서귀포 정방폭포(正房瀑布)의 마애각과 경남 남해군 상주면

금산(錦山)의 암각은 분명한 글자가 새겨진 대표적 유물이다. 전하는 바에 의하면, 정방폭포의 암벽에 '서복과지(徐福過之)', 즉 '서복이 이곳을 지나다'라는 글이 옛 중국문자의 하나인 올챙이 모양의 과두문자(蝌蚪文字)로 새겨져 있었다고 한다. 일설에는 금석학자이기도 한 추사 김정희가 제주도에 유배되었을 때(1840~49) 탑본했다고 한다. 19세기 말의 『삼한금석록(三韓金石錄)』과 제주도 설화 속에도 '서복과지' 이야기가 나온다. 이러한 기록과 전승으로 보아 조선조 말엽 당시에는 마애각이 있은 성싶으며, 광복 후까지도 본 사람이 있다고 한다. 그런데 폭포 위에 전분공장이 들어서면서 폐수가 흘러내려 지워졌다고 한다. 일설에는 절벽이 무너지면서 사라졌다고도 한다.

다음으로, 지금도 또렷한 남해 암각은 금산의 한 평평한 바위 위에 새겨진 금석문인데, 그 판독은 여태껏 수수께끼다. 16세기 전반 이맥(李陌)은 그 옛날 환웅시대의 수렵도 같기는 하지만 도저히 알아낼 수가 없다고 하였다. 19세기 말엽에 와서야 이 각문을 서복의 도한과 관련시켜 해석하려는 시도가 나왔다. 금석문 학자 오경석(吳慶錫)은 탑본을 해가지고 중국에 가서 상형문 학자인 하추도(何秋濤)로부터 '서불기례일출(徐市起禮日出)', 즉 '서불이 일어나서 솟아오르는 해를 향해 예를 올렸다'라는 해석을 받고 돌아왔다. 이것이 발단이 되어 각문에 대한 논란이 지금까지도 이어지고 있는데, 크게는 글자를 새겼다는 각문설(刻文說)과 그림을 새겼다는 각화설(刻畫說)이 맞서고 있다. 각문설에는 그것이 고문자이거나 상형문자, 혹은 진나라의 전자(篆字)일 것이라는 견해가 있으며, 각화설에는 물형(物形) 그림이나 수렵 그림, 혹은 태양을 상징한 그림이라는 주장이 있다.

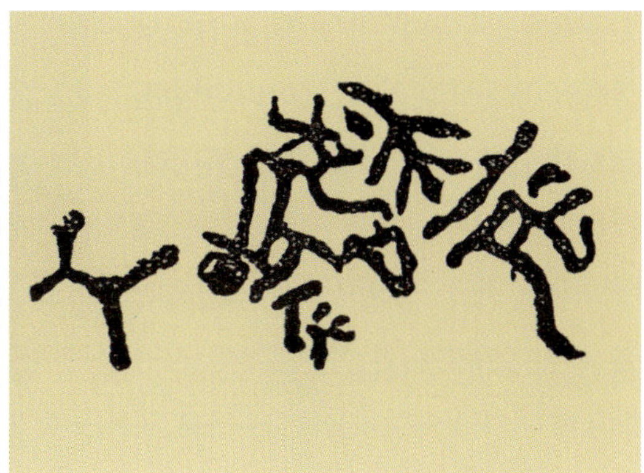

고문자라고 주장하는 사학자 정인보(鄭寅普)는 이 암각문을 바퀴 달린 차를 탄 모습, 날아가는 두 마리 새와 화살, 헤엄치는 물고기, 깃대에 꽂혀 나부끼는 깃발, 화살 맞은 짐승, 사냥개 등 6개 부분으로 분해하여 각 부분의 뜻을 해석하고 나서, '임금이나 장상대인(將相大人)이 수렵을 나와서 산짐승과 날짐승을 잡으며 건너와 이곳에 기를 꽂았다'는 내용이라고 전문을 풀이한다. 암각화 연구가인 황용훈(黃龍渾)은 이 암각을 청동기시대의 신앙과 연관되는 물형 그림이라고 추정한다. 인도 중앙박물관 관장인 데세판데(Desepande) 박사는 1,200~1,300년 전에 조각된 이 암각은 문자를 새긴 게 아니라 귀인이 앉아서 사냥을 지휘하는 모습을 선으로 새긴 그림이라고 주장한다. 그런가 하면 고대사 연구가인 이종기(李鍾琦)는 이 암각 속에 보이는 주인공이 쓴 관 모양이 김해 수로왕비에 보이는 태양 상징 그림과 비슷하다는 이유를 들어 태양 상징도라고 주장하면서 그림의 주인공은 가락국 시조 수로왕(42~199)이거나 그 일족일 것이라는 추측까지 내놓고 있다.

이처럼 아직은 연구가 미흡해 이 암각이 서복의 내한을 실증하는 유물이라고 단정할 수는 없다. 그러나 오래된 유물로서 서복 내한의 전설적 요소가 깊이 배어 있을 뿐만 아니라, 같은 고장(남해도)의 서리곶을 비롯해 가까이에 관련 전설이 여러 건 있는 점 등을 감안한다면, 이 암각이 갖는 상징적 의미나 시사하는 바를 결코 무시 못할 것이다.

서복전시관

● 1,700m 이상의 고산지대에서 자라는 상록관목의 완두 크기만한 식용 핵과.

　서복의 내한에 관한 여러 가지 흥미로운 전설은 사실성을 한결 보강해준다. 서복이 제주도 영주산에서 '시로미'란 '불로초'를 구해가지고 득의양양하여 서쪽을 향해 귀로에 오른 포구라는 데서 '서귀포(西歸浦)'란 이름이 지어졌다고 전한다. 지리산 어귀에 자리한 전남 구례군 마산면 냉천(冷泉)마을의 이름도 서복과 관련이 있다. 그가 9척의 배에 동남동녀 3,000명(또는 500명)을 데리고 남해를 지나 다사강(多沙江, 섬진강)을 따라 올라가다가 그 지류인 구례의 서시천(徐市川, 혹은 西施川)을 타고 삼신산(지리산)에 들어갔는데, 가면서 이 마을에 들러 샘물을 마셔보니 물이 하도 차서 '냉천마을'이란 이름을 지어주었다고 한다. 서시천(徐市川, 불市 자를 시市 자로 오인)이란 이름도 같은 경우다.

　이와 더불어 서복전설은 계발과 교훈을 보듬어주는 문학적 모티브로까지 승화하여 귀중한 민족문학유산으로 전승되고 있다. 조선시대의 가사 묶음집인 『경세설(警世說)』「백발가(白髮歌)」에는 서복의 맹랑한 구약(救藥) 허사(虛事)를 빗대어 인생의 허무함을 이렇게 개탄한다. "서복의 동남동녀 돌아온지 뉘 들었노, 불사약 어디 있고 불로초 보았느냐, 이리저리 헤아리면 인력으로 못하리가, 가는 청춘 뉘

막으며 오는 백발 뉘 제할까.”『심청전』에도 이러한 대목이 있다. “동남동녀 실었으니 진 시황의 불로초 캐러 가는 배인가, 방사 서시(서불의 오자) 없으니 한 무제의 신선 찾는 배인가, 가는 길에 죽자 해도 뱃사람들이 지키고, 살아가자 해도 돌아갈 나라는 멀고 아득하다.” 배에 실려 인당수의 제물이 되는 심청의 신세를 서복이 당한 비운에 비추어 애통해하고 있다. 16세기 중반 조선조 문인 기재 신광한(申光漢)도 『기재기이(企齋記異)』에서 진 시황제의 허망한 꿈은 “천하를 혼란시키고 만세(萬歲)에 웃음거리가 되었다”고 하면서 “신선이 될 분수도 없으면서 신선이 되는 약을 먹는 자는 한갓 그 수명을 재촉하기에 족할 따름”이라고 신랄한 풍자를 보내고 있다. 그 밖에 유명한 ‘금란굴(金蘭窟) 전설’은 불로초를 구하려는 것처럼 헛된 망상을 안고 무모하게 이 땅에 범접하는 자들은 결국 죽음만 당하게 된다는 메씨지를 던져주고 있다.

지금으로부터 1,000여 년 전 중국의 일국인 보로국 왕은 말갈족(靺鞨族)의 공격으로부터 나라를 지키기 위해 외동딸을 말갈족 추장과 정략결혼시키기로 하였다. 그런데 그 딸이 갑자기 불치병에 걸린다. 오로지 해동국(海東國, 즉 한국) 금강산 금란굴에 있는 장생불로초만이 효험이 있다는 신하의 말을 들은 왕은 즉각 출정을 명한다. 왕은 서복과 같은 낭패가 없도록 엄하게 타일렀다. 채집꾼들을 가득 실은 배 한 척이 금란굴 입구에 다가섰다. 위를 쳐다보니 정말 이상한 풀 서너 포기가 탐스럽게 자라고 있었다. 잎사귀는 방울꽃 잎사귀처럼 생기고 대칭이 되게 붙어 있었는데, 이 풀이 어느 때부터 그곳에 있었는지, 이름이 무엇인지 아무도 모른다. 동지섣달 엄동설한에도 푸름이 가시지 않았고 모진 풍랑에도 흔들림이 없었다. 그리고 어찌 된

영문인지 예나 지금이나 포기 수는 늘지도 줄지도 않으며 시들거나
마르지도 않았다. 그래서 사람들은 이것을 신선들이 마시는 감로수
(甘露水)를 먹고 사는 신성한 불로초라 부르게 되었다고 했다. 채집
꾼들은 두 번이나 배에 설치한 사다리를 타고 굴 천장으로 기어오르
려 했으나 그때마다 천둥 번개가 치고 소나기가 쏟아지더니 급기야
집채 같은 파도가 일어나 배와 사람들을 몽땅 삼켜버렸다. 이윽고 바
다는 다시 조용해지고 하늘은 맑게 빛난다. 지금 금란굴 입구의 바닷
물 속에 엎어져 있는 배바위는 바로 그때 부서진 배라고 한다. 어쩌
면 서복 일행의 운명도 이랬을지 모른다. 불로초를 찾아 떠난 그의

서복 일행이 내한할 때 이용했을 범선

여행이 얼마나 헛되고 무모한 일이었는지 시사해준다.

이러한 여러 가지 사실은 전설 속의 서복을 2,000년 전 한·중 교류의 역사적 현장으로 끌어내고 있다. 물론 선진(先秦)시대에도 고조선과의 인적·물적 교류가 있어왔지만, 서복 일행처럼 수천 명이 대선단을 이루어 곡식과 무기를 싣고 오간 것은 사상 초유의 일이었다. 중국 해양사에서도 서복의 출해동도는 원양항해의 효시라고 평가한다. 서복 일행은 낭아(琅玡)에서 출항해 샨뚱반도의 연해를 따라 북상한 다음 발해를 건너 랴오뚱반도의 남해안을 거쳐 한반도의 서해안을 끼고 남하해 제주도나 남해안에 도착한 것으로 추정된다. 이를테면 고대 한·중 해로의 연해로를 따른 셈이다. 그 선단 규모에 관해, 동남동녀 3,000명을 포함해 승선인원을 약 5,300명으로 계산하는 학자가 있다. 아무튼 전말이야 어떻든 간에 서복은 고대 한·중 교류의 여명기에 그 서막을 연 인물임에 틀림없다.

만남의 인연을 맺어준
허황옥

2,000년 전 가락국 수로왕(首露王)의 배필로 이 땅에 온 현숙한 외방
여인 허황옥(許黃玉, 허왕후)은 지금도 우리 속에 살아 있다. 2002년
부산 아시안게임 개막식에서는 36억 아시아인의 하나 됨을 상징하여
수로왕과 허왕후의 만남이 재현되었다. 해마다 치러지는 김해의 수
로제에서 왕은 왕후 일행을 반갑게 맞이한다. 몇 년 전에는 인도의
한 점성가가 한국에서 차기 '구국의 큰 별'은 가락 김씨 가문에서 나

올 것이라는 솔깃한 점괘를 내려 대선 정국에 흥미를 더한 일이 있었다. 모두가 시조할머니의 가호와 보우를 비는 발원에 서였다. 한마디로 허황옥은 살아 있는 설화의 주인공으로 오늘까지도 맥맥이 전승되어오고 있다.

『삼국유사』「가락국기」에 나오는 설화의 얼개를 보면, 16살의 아유타국(阿踰陀國, 아요디아로 추정) 공주 허황옥은 하늘이 내린 가락국 왕을 찾아가 배필이 되라는 부모의 분부를 받들어 서기 48년에 20여 명의 수행원과 함께 붉은 돛을 단 큰 배를 타고 장장 25,000리의 긴 항행 끝에 남해의 별포(別浦) 나룻목에 이른다. 영접을 받으며 상륙한 다음 비달치고개〔綾峴〕에서 입고 있던 비단바지를 벗어 신령에게 고하는 의식을 치르고는 장유사(長遊寺)고개를 넘어 수로왕이 기다리고 있는 행궁에 가서 상면한다.

하늘이 내린 황금알에서 태어나 배필도 역시 하늘이 점지할 것이라고 믿어오던 가락국 시조 수로왕은 허황옥을 반가이 맞이한다. 둘은 2박 3일의 합환식(合歡式, 결혼식)을 마치고 왕궁으로 돌아온다. 그 후 140여 년을 해로하면서 아들 10명과 딸 2명을 두었는데, 둘째와 셋째에게 왕비와 같은 허씨 성을 따르게 하여 그들이 김해 허씨의 시조가 되었다. 아들 가운데 7명은 지리산에 들어가 선불(仙佛)이 되고, 왕후는 189년 157세로 생을 마감한다. 한국의 '국제결혼 1호'로 피의 만남(섞임), 즉 혈연이다. 그 만남이 있었기에 수백만 김해 김씨와 허씨가 왕후를 시조할머니로 모시고, 오매불망 할머니의 고향을 찾아가기도 한다.

사실 허황옥설화는 수로왕의 천강난생(天降卵生) 같은 신화소는 거의 없는, 역사적 사실에 바탕했거나 그것을 반영한 설화다. 단, 어떻게 그 시대에 멀고 먼 인도에서 배를 타고 올 수 있었겠는가, 왕후의 내한이나 불행(佛行)을 말해주는 물고기무늬나 석탑 등은 후세의 '조작'이 아닌가 등 왕후의 정체성과 관련된 몇 가지 논란은 지금도 진행 중이다. 그 논란을 내용별로 묶어보면, 기원전 3세기 인도 갠지스강 중류에서 크게 번성한 태양조 불교국 아요디아에서 왔다는 설, 아요디아에서 중국 쓰촨성(四川省) 푸져우(普州)를 거쳐 양쯔강 하구에서 서해를 건너온 일족이라는 설, 타이 방콕 북부의 고대도시 아유타와 관련이 있다는 설, 일본 큐우슈우 지방에서 도래했다는 설, 기원 초 중국의 전·후한 교체기에 발해 연안에서 남하한 동이족(東夷族) 집단이라는 설 등 다양한 설이 있다. 종합하면, 다들 외래인이라는 데는 견해를 같이하고 있으나, 어디에서 왔는가에 대해서는 크게 인도와 인도 이외의 두 지역으로 나뉜다. 다들 나름의 전거를 가지고 갑론을박하나, 필자가 보기엔 몇 가지 현존하는 문헌기록과 유물들을 근거로 하는 인도설이 좀더 설득력을 가지고 있다. 주로 상황만을 근거로 연역해 추정하는 비인도설 쪽의 논리는 짐짓 부실해 보인다. 철학과는 달리 역사를 연역적으로 추리하다보면 왕왕 빗나가게 된다. 왜냐하면 역사는 항시 일회적이기 때문이다.

인간의 만남, 문명의 만남이라는 교류사관에서 본다면, 그녀가 어디에서 온 누구라는 것이 중요한 것이 아니라, 그녀를 통해 우리는 세계와 어떻게 만났는가, 세계에 대한 우리 마음의 여닫이는 어떠했는가를 살피는 일이 중요하다. 설혹 그녀의 정체가 허구라고 할지라도 우리네 선조들은 어떻게 그녀라는 '허상'을 통해 세계를 이해하고, 세계와 만나고 있었는가를 알아보는 것이 오늘을 살아가는 우리

가 어제를 짚어보는 의미인 것이다.

허왕후는 세계와의 혈연뿐만 아니라 불연(佛緣), 즉 부처님과의 인연, 불교와의 인연도 맺어주었다. 덕분에 우리의 많은 고대국 건국신화에서 유독 가락국만이 그 건국이 불교와 관련지어진다. 수로왕은 가락국을 세운 다음 해에 궁성터를 찾아다니다가 신답평(新畓坪)이란 곳에 이르러, '이곳은 비록 땅은 좁지만 16나한과 7성이 살 만한 곳이어서 궁성터에 적격'이라고 말한다. 16나한이란 석가의 16제자이고, 7성은 도를 깨우친 사람들로서 모두가 최고의 불자들이다. 그리고 4년째 흉년이 들었을 때에도 왕이 부처님께 청하여 설법을 하니 흉년을 몰아온 악귀들이 굴복했다고 한다. 가락국을 일명 '가야국'이라고 하는데, 이 '가야'란 말은 인도어로서 불교와 관련된 지명이나 코끼리, 가사(袈裟) 등에서 그 어원을 찾고 있다.

수로왕의 이러한 불행(佛行)은 불교국 아요디아의 공주 허황옥과의 결합으로 인해 가락국에 처음 전해진 불교의 터전을 더욱 굳혀간다. 특히 왕후의 오빠인 장유화상(長遊和尙) 보옥선사(寶玉禪師)는 가락국의 국사(國師)로서 가락국 불교 전파의 디딤돌을 놓는다. 김해 불모산(佛母山) 장유사에 있는 선사의 화장터와 사리탑 및 기적비, 그리고 왕과 왕후가 만난 곳에 세워진 명월사(明月寺) 사적비에는 선사의 초전(初傳) 활동을 말해주는 유물과 기록이 남아 있다. 만년에는 지리산에 들어가 왕후의 일곱 아들을 성불케 하고 칠불암(七佛庵)을 짓기도 한다. 그 밖에도 가락국의 불교 초전을 알리는 유적·유물은 적지 않다. 이 모든 것은 왕후의 도래를 계기로 일어난 불사들이다. 이러한 불사들은 가락국에 국한되지 않고, 200년경에는 딸인 묘견(妙見)공주를 통해 일본 큐우슈우까지 파급되니, 백제 불교의 공식 일본 전래보다 무려 250년이나 앞선 일이다.

허왕후의 인도도래설을 거부하는 이들은 대체로 이러한 불교의 가락국 초전을 부정하는데, 그 이유 중의 하나가 그 시대에 인도로부터 뱃길이 트였을 리가 만무하다는 것이다. 그러나 『한서』 「지리지」에 보면, 기원전 3세기 진 시황제가 천하를 통일한 때부터 중국은 남양 각지와 해상교역을 하며, 기원 전후에는 부남(扶南, 베트남)으로부터 인도 동남단의 황지(黃支, 칸치푸람)까지 해로가 개척되어 11개월이면 오갔다. 아직 고증이 되지 않아 단정할 수는 없지만, 이 뱃길이 한반도 남해안까지 이어졌다고 한들, 무리무근(無理無根)이라고 일축할 수만은 없다.

허황옥의 내도는 문물의 교류라는 또 하나의 결과를 가져왔다. 왕후가 갖고 온 옥합에는 수놓은 비단옷이나 갖가지 금은주옥의 패물과 함께 차의 씨앗이 담겨 있었다고 한다. 흔히들 9세기 초 신라 흥덕왕 때 대렴(大廉)이 당나라로부터 차 씨앗을 가져온 것으로 알고 있는데, 사실은 그보다 800년 전에 허왕후가 최초로 가져다 심은 차 씨앗에서 유명한 죽로차(竹露茶)가 자라났고, 머리·귀·눈을 밝게 한다는 등 가야인들이 구가한 차의 9덕은 오늘의 다도로 이어지고 있다. 묘견공주는 불교와 함께 차의 씨앗과 부채도 일본에 건네주었다고 한다. 수로왕은 왕후 일행에게 난초로 만든 음료와 혜초(蕙草)로 빚은 향기로운 술을 대접하고, 무늬와 채색이 고운 자리에서 잠을 자게 배려하며, 비단옷과 보화까지 하사한다. 왕후가 타고 온 배의 뱃사공 15명에게는 각각 쌀 10섬과 비단 30필씩을 주어 돌려보낸다. 가야인들의 열린 마음과 너그러움이 밴, 인도인들과의 첫 만남이고 나눔이었다.

파사석탑

ⓒ윤용진

왕후는 올 때 파도의 신, 즉 파신(波神)의 노여움인 풍랑을 막고 항해의 안전을 도모하기 위해 배에 파사석탑(婆娑石塔)을 싣고 왔다. 신력에 의해 바다의 풍랑을 진정시키는 이러한 탑을 진풍탑(鎭風塔)이라고 한다. 높이가 1.2m 정도밖에 안 되는 이 자그마한 석탑은 고려 중엽까지는 김해의 호계사에 보존되어 있다가 지금은 허황옥릉에 안치되어 있다. 얼마 전까지만 해도 이 귀중한 석탑은 한낱 뭉그러진 돌덩어리 몇 개 쌓아놓고 무슨 탑이냐고 하는 비아냥거림까지 받아왔다. 게다가 이 탑의 돌을 가지고 항해나 고기잡이를 가면 파신의 노여움을 사지 않는다고 믿은 사람들이 몰래 조금씩 떼어가다보니 망가져 원래 사각형 돌탑이던 것이 마치 원형탑처럼 되어버렸다.

그러나 한 후손의 끈질긴 노력에 의해 오늘은 그 원
상이 거의 복원되었다. 중국 의약 명저인『본초강목(本
草綱目)』에 보면, 파사석은 일종의 약재로서 해독작용
을 하며 아주 값비싸므로 가짜가 많아 진위를 가려내야
한다고 적고 있다. 태우면 유황 냄새가 나며, 닭 볏의
피를 묻히면 응고되지 않고 피가 물로 변해 흘러내리는
게 진짜 파사석이라고 하였다. 일연(一然)도『삼국유
사』에서 이 파사석은 우리나라 돌이 아니라고 했다. 이
사실을 알아낸 김해의 한 병원 원장인 허씨는 200회가
넘게 탑을 찾았고, 인도 현지도 탐방하면서 닭 볏 피 실

1824년 신축된 안향각의 쌍어
무늬(위) ● 물고기 두 마리가
마주 보고 있고 그 주변에 연꽃
이 배치되어 있다.

인도 아요디아시의 상징인 쌍
어무늬(아래)

험도 한 결과 마침내 이 돌이 우리나라에 없는 파사석이라는 것을 확
인했을 뿐만 아니라, 파사탑의 형식 역시 인도 초기 스투파의 축소형
이라는 사실을 밝혀냈다. 이렇게 보면, 이 석탑이야말로 우리나라 최
초의 불탑인 셈이다. 허씨는 평범한 의사다. 역사와 그 해석은 누구
의 전유물이 아니라 모두의 몫이다.

김해 수로왕릉의 정문에는 두 마리의 물고기를 새긴 무늬, 즉 쌍어
무늬〔雙魚紋〕와 활, 연꽃 봉오리, 남방식 불탑 장식이 단청으로 그려
져 있고, 또 능의 중수기념비에는 풍차 모양의 태양문장이 새겨져 있
는데, 이러한 문장들은 허황옥의 고국인 인도 아요디아에서 지금도
건축에 흔히 쓰고 있는 장식과 조각인 것이다. 이것은 아요디아풍의
건축문화가 수로왕의 재임 전후 가야에 유입되어 생긴 상사성으로
보인다. 원래 쌍어무늬는 근 3,000년 전 바빌로니아인들이 신앙의 상
징으로 삼은 무늬였다. 그들은 물고기가 인간을 보호하는 영특한 존
재라고 생각하고 신전 앞에다 대문을 세울 때 그 머리에 물고기 두

수로왕릉 정문에 새겨진 쌍어
무늬와 태양문장

마리를 그렸다. 그것이 중앙아시아를 거쳐 인도에 전해져 힌두교의 여러 신상 중에 한자리를 차지하게 되었으며, 불교가 동쪽으로 전파됨에 따라 네팔, 티베트, 몽골, 남중국, 한반도까지 전해졌다. 지금까지도 가락국의 옛 땅이던 경상남도 일원의 일부 불찰(김해의 은하사, 합천의 영암사 등)에는 쌍어무늬가 남아 있다. 쌍어신앙은 조선시대까지 계속되어 선비들이 사용하던 먹〔墨〕에 그려졌으며, 여인네들의 노리개에도 달리게 되었다.

한 일간지의 보도에 의하면, 2004년 8월 17일 열린 한국유전체학회 모임에서 한림대·서울대 연구팀은 허황옥의 인도 도래설과 관련해 흥미로운 연구결과를 발표했다. 미토콘드리아 유전물질을 추출해 분석하는 방법으로 "허황옥의 후손으로 추정되는 김해 예안리 고분 등에 묻힌 왕족 유골을 분석한 결과 우리 민족의 기원으로 분류되는 몽골의 북방계가 아닌 인도의 남방계라는 결론을 내렸다"는 것이다. 이어 왕족 유골 4구 가운데 1구에서 이 같은 결론을 얻었다고 하면서 "인도 도래설을 확실히 입증하기 위해선 좀더 면밀한 연구가 필요하다"고 설명했다. 기록이나 전설이 아닌, 과학실험의 힘으로 이 의미 있는 역사적 사실이 밝혀지기를 기대해본다.

이처럼 2,000년 전 이 땅에 온 허황옥은 혈연과 불연, 그리고 교류의 인연을 맺어준 메씬저이자 교류인으로서, 오늘날까지도 우리와 함께 있다. 문명은 이러한 메씬저와 교류인들에 의해 알려지며 교류된다.

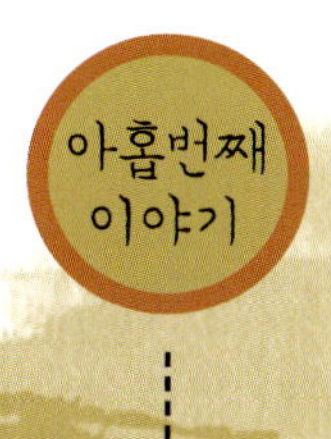

어우름이 돋보이는
고구려건국신화

지구상의 어디든, 고대국가의 건국 과정은 거의 신화로 윤색되어 전해오고 있다. 신화의 주인공은 예외 없이 건국자이며, 신화의 구성은 대체로 건국의 기틀이 마련된 후에 완성되는데, 그때까지를 '신화시대'라고 한다. 따라서 건국신화의 내용은 건국 과정을 때로는 사실적으로, 때로는 상징적으로 반영하고 있다. 그래서 건국신화는 오래 전승되는 '왜곡 없는 윤색'이니, '강요하지 않는 신앙'이니 하는 평을 받는다.

고대국가의 건국 과정이 신화로 엮이는 까닭은 건국 과정을 신비의 힘을 빌려 합법화하고 신성시해서, 그 정체성을 믿게 하기 위해서다. 그 '신비의 힘'이란 신화를 꾸미는 요소, 즉 신화소(神話素)인데, 나라마다 건국의 역사적 배경이 다르므로 이러한 신화소도 다르게 설정된다. 의아스러운 것은 그 옛날에야 하늘에서 내려왔다느니 알에서 태어났다느니 하는 신화가 그런대로 먹혀들어갈 수 있었겠지만, 오늘의 이 개명천지에서도 아직 그런 유의 신화가 버젓이 나돌고 있다는 사실이다. 필리핀의 대통령궁 박물관에는 쫓겨난 전(前) 대통령 마르코스의 부인 이멜다의 탄생신화를 그린 한 장의 현란한 벽화가 있다. 바다 속 진주조개에서 태어나 요염한 인어처럼 헤엄쳐 인간세계로 떠오르는 모습이다. '난생'신화의 현대판이다. 3,000켤레 구두의 주인으로 세간의 화제를 모은 그녀는 76년 전에 보통 인간으로 태어난 스페인계 혼혈이다. 영달에 환장한 인간들의 이러한 꾸며냄 때문에 신화는 '일시적 신뢰를 얻고 있는 허위'에 불과하다고 폄하되기도 한다.

여러 가지 신화 가운데서 건국신화는 무에서 유가 창조되는 과정을 그려내고 있기 때문에 그 내용이나 얼개에서 상통되는 보편성을 공유하고 있다. 즉 건국자가 하늘에서 내려오거나 알에서 태어나는 등 비정상적인 탄생과 고귀한 혈통, 비범한 자질, 신비로운 힘에 의한 구제, 건국이란 영광의 획득 등의 내용을 대체로 공유하고 있다. 또한 첫머리를 열고 그 뜻을 이어받아 전개하는 과정에서 일대 전기를 맞이하고 나서 유종의 미(건국)로 끝나는 이른바 '기(起)-승(承)-전(轉)-결(結)'의 짜임새도 엇비슷하다. 그러나 신화소의 표현형태나

상호관계에서는 나름의 상이성(개별성)을 나타내고 있다.

우리에게는 단군신화를 모태로 한 가야의 수로왕신화, 고구려의 주몽(朱蒙)신화, 신라의 혁거세(赫居世)신화와 석탈해(昔脫解)신화를 비롯해 조대마다 건국에 관한 크고 작은 신화들이 줄줄이 전해오고 있다. 그중에서도 고구려의 건국신화는 내용에서 풍부한 신화소들을 잘 어우르고 있을 뿐만 아니라, 짜임새에서도 완벽을 보여준 대표적인 건국신화다. 얼마간의 시차를 두고 엮어진 로마의 건국신화와 견주어보면, 그 특색이 더욱 돋보인다.

천제(天帝)의 아들인 해모수는 물의 신인 하백의 딸 유화와 인연을 맺고 하늘로 돌아간다. 이에 화가 난 하백은 딸 유화를 내쫓는다. 태백산 우발수를 지나던 부여왕 금와는 유화를 만나 사정을 듣고 자신의 궁궐로 데려다 두었는데 방 안으로 햇빛이 들어 유화를 비추니 그녀에게 태기가 생겨 마침내 알 하나를 낳는다. 깨뜨릴 수도 없고 짐승들이 범접하지도 않는 이 신기한 알에서 영특한 아이 하나가 껍질을 깨고 나왔는데, 그가 바로 주몽이다. 주몽은 태어나 야산에 버려진다. 그러나 돼지와 새들의 보호를 받으며 자란다. 나이 겨우 7살에 백발백중의 명사수가 되니 ‘주몽’(‘활을 잘 쏘는 사람’이란 뜻)이라고 불렀다.

부여 왕자들이나 신하들의 모해가 우려된다는 어머니의 권유를 받고 주몽은 오이(烏伊) 등 세 동료들과 함께 부여를 떠난다. 부여 왕자들과 군사들이 뒤쫓아오고 앞에는 엄체수(掩遞水)란 큰 강이 가로막고 있다. 이 절체절명의 순간 그는 활로 물을 내리쳐 물고기와 자라를 불러 다리를 만들게 하여 강을 무사히 건너고 추격자들을 따돌린다. 신력을 발휘한 셈이다. 유화부인은 주몽이 달아나면서 빠뜨리고 간 보리 종자를 비둘기 목에 넣어 보낸다. 큰 나무 밑에서 쉬고 있던 주몽은 이 비둘기를 활로 쏘아 떨어뜨린 다음 그 부리를 열어 보리 종자를 꺼낸다. 그러고는 물을 뿜자 비둘기가 되살아나서 어머니에게로 돌아갔다.

천신만고 끝에 그가 이른 곳은 졸본(卒本) 땅(현 중국 랴오닝성 환런현)
이다. 그런데 이곳에는 이미 부여의 또 다른 일파가 터를 잡고 '졸본
부여'라는 작은 나라를 세워놓았는데, 그 지배자는 신선의 자손이라
고 자처하는 송양왕(松讓王)이다. 굴러온 돌과 박힌 돌 사이에 세력
다툼이 일어나는 것은 자연스러운 일이었다. 결국 활쏘기 대결에서
주몽은 송양왕을 압도한다. 그럼에도 송양왕은 패배를 인정하지 않
고 여전히 졸본성 성문을 굳게 잠그고 입성을 허락하지 않는다. 그러
자 주몽은 흰 사슴을 사로잡아 나무에 거꾸로 매달고는 하늘을 향해
울부짖게 한다. 그러자 하늘에선 갑자기 큰비가 내리고 졸본성은 일
시에 물에 잠긴다. 겁에 질린 송양왕이 두 손을 번쩍 들어 항복하자,
주몽은 채찍으로 물을 쳐 흩어지게 한다. 주몽은 그곳에 도읍을 정하

고 나라 이름을 고구려로 하였으며, 성을 고씨(高氏)로 삼았다. 주몽은 기원전 37년, 약관을 갓 벗어난 나이에 등극한 후 주변국들을 병합해 동아시아의 대국 고구려의 터전을 닦아놓았다.

한편, 고대 서양의 대표적인 건국신화로는 로마건국신화를 꼽는데, 그 주역은 아이네아스(Aeneas)와 로물루스(Romulus)다. 소아시아 서북부에 자리한 트로이아(Troia, 전설의 도시)가 망하자 왕자 아이네아스는 나라를 되찾겠다는 일념에 추종자들을 이끌고 탈출하여 현재의 이딸리아 근처까지 갔으나 풍랑을 만나 북아프리카의 해안도시 카르타고(Cartago, 현재의 튀니스)에 표착한다. 이민들을 이끌고 이곳에 와 나라를 세운 여왕 디도(Dido)는 그의 솜씨와 모험에 놀라 그를 흠모하게 되고 결국 서로가 사랑에 빠졌으나, 아이네아스는 그녀의

090

만류를 무릅쓰고 이딸리아의 떼베레(Tevere) 강가로 돌아온다. 그는 전쟁으로 주변 여러 왕족들의 도전을 물리치고 알바국을 세워 지배자가 된다.

그로부터 13대 왕인 쁘로까스(Procas)에게 누미또르(Numitor)와 아물리우스(Amulius)란 두 아들이 있었는데, 왕위쟁탈전에서 아우 아물리우스는 형을 국외로 추방하고 조카는 죽여버리고 조카딸 씰비아(Silvia)는 베스따(Vesta) 신전의 무녀로 만들어 평생 처녀로 살게 한다. 어느 날 씰비아는 신전에 바칠 물을 떠오기 위해 마르스(Mars) 숲에 갔다가 늑대를 만나 동굴로 피했는데, 거기서 그녀의 아름다움에 반한 마르스 신을 만나 쌍둥이 형제를 낳는다. 이 사실을 알게 된 아물리우스는 쌍둥이를 죽이라고 명한다. 하지만 명을 받은 신하는 차마 죽일 수가 없어서 광주리에 담아 떼베레강에 띄워 보낸다. 다행히도 강의 범람으로 인해 광주리는 무화과나무에 걸리게 되었는데, 마침 암늑대가 그들을 주워 젖을 먹여 살린다. 어느 날 파우스뚤루스(Faustulus)라는 양치기가 두 소년을 발견하고 양자로 삼아 키운다. 그들은 로물루스와 레무스(Remus)라는 이름으로 빠라따누스(Paratanus) 언덕에서 성장하게 된다. 양치기로부터 자신들의 처지를 알게 된 형제는 아물리우스를 몰아내고 추방되었던 외할아버지 누미또르를 왕으로 모시고 새로운 도시건설계획을 세우던 중, 도시 장소 문제로 의견이 엇갈리자 형 로물루스는 동생을 죽이고 혼자서 까삐뚤리누스(Capitolinus) 언덕 위에 도시를 세운다. 그것이 바로 로마이고, 이로써 로마는 건국의 주춧돌을 놓게 되었다.

보다시피 두 건국신화의 내용이나 구조를 비교해보면 신화의 보편성에서 오는 공통점도 있으나, 뚜렷한 상이점도 있음을 발견하게 된다. 우선 고구려건국신화는 다양한 신화소를 갈무리하고 있다. 천강소(天降素)인 하늘의 신(해모수)과 물의 신(하백)의 딸의 결합은 천지조화를 말하며 여기에 난생소(卵生素)가 얹히는데, 원래 천강은 북방유목민들의 신앙이고 난생은 남방농경민들의 신앙이나, 그것이 주몽신화에서는 하나로 어우러진다. 게다가 물고기와 자라가 다리를 놓아주는 기적소(奇蹟素)도 곁든다. 한마디로, 하늘의 도움과 신의 보우를 받는 천조신우(天助神佑)의 신화소가 대단히 돋보이는 복합신화다. 이에 비해 로마의 건국신화에는 신화소가 빈약하다. 씰비아가 동굴에서 마르스 신을 만나 쌍둥이 형제를 낳고, 그 아이들이 늑대의 젖을 먹고 자라난 것 말고는 별다른 신화소가 없다.

다음으로, 그 상이점은 이념적 지향점에서도 나타난다. 물론 상대를 눌러 이겨야 권력을 잡고 나라를 세울 수 있는 것이 건국인만큼 그 과정에 갈등과 분쟁이 없을 수는 없지만, 이것을 풀어나가는 길에서는 서로가 그렇게 다를 수가 없다. 주몽은 세 죽마고우들과 끝까지 시련을 함께 이겨내면서 건국의 위업을 달성하고, '굴러온 돌과 박힌 돌' 사이인 송양왕과의 관계에서도 어디까지나 활쏘기 대결이나 비를 다스리는 신력 같은 지혜와 능력의 검증을 통해 그를 굴복시킴으로써 상생과 합일로 건국에 이른다. 이에 반해 아이네아스는 오로지 전쟁으로 주변세력들을 물리치고 지배자가 되며, 그 후예들도 형제간에 권력을 둘러싸고 골육상잔을 벌임으로써 상극과 분열, 대결과 살육으로 건국이라는 목적을 달성한다.

끝으로, 신화소들의 짜임새에서도 그 상이점을 발견할 수가 있다. 고구려건국신화는 해모수와 유화의 만남이라는 기(起)와, 주몽의 탄생과 성장이라는 승(乘), 주몽의 비범성과 영웅성이라는 전(轉), 고

오녀산성에서 발굴된 왕궁터

구려의 건국이라는 결(結), 즉 기-승-전-결의 구조가 확연하여 신화적 논리를 이해하기 쉽다. 이에 비해 로마건국신화는 여러 가지 신화소가 얽히고설켜서 전개구조가 명확하지 않다.

고구려는 고조선의 옛터에서 중국의 한나라가 설치했던 군현들을 쫓아내고 부여계 종족들을 규합하여 나라를 세웠는데, 그 과정이 건국신화에 고스란히 반영되어 있다. 그 주역인 주몽은 신성한 능력을 갖춘 신화적 존재이자 강인한 의지를 지닌 역사적 인물이다. 그에 의해 엮어진 건국신화는 불시에 어디서 튀어나온 것이 아니라, 고조선 단군의 개국신화를 내용이나 구조 면에서 계승·발전시킨 것이다. 이를테면, 우리 겨레의 건국신화 전통을 이은 것이다. 그리하여 그는 애당초 중국의 삼황오제(三皇五帝) 건국신화와는 차원이 다른 독자적인 건국신화의 주인공으로 신화 무대에 등장한다. 후대에 이르러 곳곳에 시조 주몽을 신으로 모시는 사당이 건립되어 주몽은 고구려 중심의 천하를 지켜주는 수호신으로 승화되었다. 백성들은 위기가 닥칠 때마다 주몽신이 모셔진 사당에 제사하며 나라를 지켜달라고 기원했다. 급기야 그는 부여계 나라 전체의 공통 시조인 동명성왕(東明聖王)으로까지 추앙되었다. 아울러 앞선 철기문화를 바탕으로 건국된 강력한 고구려는 개국부터 시종 다른 천하를 가꾸어온 명실상부한 동북아시아의 대강국으로서, 나름의 천하관과 국가관을 가지고 한 시대를 풍미한 자주적인 나라였다.

이렇게 개국부터 다른 천하를 가꾸어온 고구려가 중국의 '변방 속국'이라니, 이것이야말로 역사에 대한 어이없는 왜곡이요, 어불성설이다. 왜곡된 역사는 역사가 아니다. 이와 더불어 우리는 일본건국신화의 기조로 강조되는 이른바 '팔굉일우(八紘一宇)' 즉 '온 세상을 일본 천하에 둔다'는 팽창주의 망령에도 경각심을 늦추지 말아야 한다. 일본에서 신화는 단순히 과거의 이야기가 아니라, 현실을 움직여 가는 힘으로 작용하기 때문이다. 일본의 역사를 훑어보면, 중요한 계기엔 언제나 신화적 발상이 그 배경에 깔려 있다. 현세에 와서 이른바 '대동아전쟁'을 일으킨 일왕의 조칙 첫머리에 이 '팔굉일우'가 등장하는 것이 그 일례다. 사실 이 말은 1885년 안꼬꾸까이(安國會)란 우익단체를 조직한 승려 타나까 치가꾸(田中智學)가 1903년에 『니혼쇼끼(日本書紀)』에 나오는 "겸육합이개도 엄팔굉이위우(兼六合而開都 掩八紘而爲宇)"란 글에서 뽑아낸 말이다. '육합'은 천지와 사방(온 우주)이고 '팔굉'은 팔방(모든 방면)이니, 뜻인즉 '천지 사방을 아울러 도읍을 열고 천하를 가려 지붕으로 삼는다'는 것이다. 이를테면 전 세계를 일본 치하에 둔다는 일본 중심의 세계 통일관이다.

한때 우리 속에는 이러한 망령에 덩달아 춤춘 사람들이 더러 있었으며, 오늘도 우리 주변에서 요염스레 어슬렁거리고 있다. 모 월간지의 전신인 『조광(朝光)』은 1940년의 한 사설에서 이른바 '내선일체(內鮮一體)'를 이 "팔굉일우 대건국정신의 발로"라고 치켜세우면서 "대동아공영권이라는 세계를 위해 좌우를 돌보지 않고 돌진"할 것을 호소한다. 그 무렵 한 매국친일 인사는 이 '팔굉일우'야말로 "대동아 건설의 위대한 사업"으로서 대동아 전 민족의 "어깨에 지워진 공정무사한 대사명"이라고 역설하면서 그 실현을 독려하는 망발을 서슴지 않는다. 문제는 이러한 망령과 망발의 여운이나 잔영이 오늘날까지도 완전히 사라지지 않았다는 데 있다.

　우리는 누가 뭐라고 해도 조화와 상생, 합일의 이념과 철학에 바탕한 우리 고유의 신화전통, 문화전통을 굳건히 지켜나가야 할 것이다.

동아시아의 유리보고
신라

1993년 여름, 숱한 수수께끼를 안고 '유리의 길'을 추적하던 한 방송
사 취재팀과 함께 그 길의 서쪽 끝에 위치한 이집트 카이로에 도착했
다. 수소문 끝에 '다우르'란 가장 오래된 유리공장을 찾아갔다. 허술
하기 이를 데 없으나 진열된 수백 종의 오색찬연한 유리그릇은 대대
로 유리그릇만을 만들어온 이 공장의 유구한 내력을 여실히 말해주
었다. 취재팀은 경주 황남대총에서 출토된 새머리 모양 물병 사진을

096

카이로 다우르 유리공장에서 새머리 모양 물병을 제작하는 장면(왼쪽) ● 1993년.

경주 98호 고분 남분에서 출토된 새머리 모양 물병과 유리그릇들(오른쪽) ● 4세기 후반.

보여주면서 이대로 하나 만들 수 있는가 하고 물었더니, 기능공 아흐마드씨는 하찮은 물음이라는 듯 씩 한 번 웃고는 별로 거들떠보지도 않은 채 단숨에 대롱 불기로 똑같은 물병을 만들어냈다. 10분도 채 걸리지 않았다. 아가리가 봉황새머리 모양이라 하여 봉수병(鳳首瓶) 물병이라고도 하는 이 유리물병은 전형적인 후기 로마유리계 유리병으로서, 이웃인 중국이나 일본에서는 유사품이 발견된 바가 없다. 동아시아에서 우리만이 가지고 있는 이 1,600년 전의 유물을 40,000리나 떨어진 곳에서 한 기능공이 순식간에 재현하는 기적 같은 일을 우리는 어떻게 설명해야 할 것인가. 한마디로 그것은 이 유리그릇의 친정이 바로 그곳으로서 그 인연이 오늘까지도 끈끈히 이어져오고 있다는 것을 여실히 보여주는 증거다.

다양한 소재와 가공기법으로 만들어지는 유리는 동서를 막론하고 귀중한 보물로 애지중지되어왔다. 유리는 언제 어디서나 값진 교역

품으로 거래되었으며, 한때는 화폐로 쓰이기까지 했다. 지금도 유리
는 일상생활의 용기에서부터 첨단 과학기술에 이르기까지 모든 분야
에서 없어서는 안 될 물질로 각광받고 있다. 그것은 유리의 독특한
성질 때문이다. 유리는 색깔이 아름답고 가벼우며 투명해 광명효과
가 있으며, 여기에 방수성과 불변성, 화학적 안정성까지 두루 갖추고
있어 '불과 모래의 조화' '모래와 재로부터 태어난 불사조'라는 찬사
를 받아왔다. 유리의 제조과정은 복잡하고 우수한 기술지식과 경험
을 필요로 하므로 당대의 과학이나 기술의 수준을 가늠할 수 있게 한
다. 특히 유리는 깨질지언정 썩거나 변하지 않는 소재이기 때문에 다
른 물질에 비해서 당대의 사회상이나 교류상을 입증하는 데 가장 신
빙성 있는 검증방법과 증거를 제공한다. 요컨대 유리처럼 역사의 사
연을 확연하게 증언해주는 물질도 드물다.

　유리의 기원에 관해서는 일원설(一元說)이니, 다원설(多元說)이니
하는 등 여러 가지 설이 있으나, 유리가 처음으로 출현한 때를 지금
으로부터 5,000년 전의 청동기시대로 잡고, 유행기는 3,500년 전으로

보는 것이 통설이다. 세계 최초의 백과사전으로 알려진 플리니우스(Plinius, 23~79)의 『박물지(博物誌)』에 유리의 기원에 관한 다음과 같은 기술이 있다. 어느 날 페니키아의 천연소다 무역상이 오늘의 이스라엘 영내를 흐르는 베루스(Berus, 나만Naman) 강변에 이르러 식사 준비로 솥을 받칠 돌을 찾았으나 끝내 찾지 못해 가지고 있던 소다덩어리 위에 솥을 얹어놓고 불을 지폈다. 그러자 가열된 소다덩어리가 강변의 흰모래와 혼합되면서 반투명의 액체가 흘러나왔다. 이 액체가 바로 유리였던바, 이것이 바로 인간이 유리란 물질을 알게 된 최초의 계기이며, 따라서 그것을 유리의 기원이라고 하였다. 이것은 한낱 전설 같은 이야기지만, 당시까지만 해도 유리가 어디에서 언제 어떻게 출현했는지에 관해 밝혀지지 않았기 때문에 일단 유리의 기원설로 간주되어 『박물지』에까지 오르게 되었던 것이다.

그러나 근세, 특히 1, 2차 세계대전 이후 메소포타미아와 이집트를 비롯한 고대문명 발상지에서 유리구슬과 유리용기 등의 유물이 다량 발굴됨에 따라 유리의 기원 문제가 과학적으로 해명되기 시작했다. 그동안 메소포타미아 기원설과 이집트 기원설이 엎치락뒤치락하면서 논쟁이 분분했으나, 지금은 메소포타미아설이 우세를 점하고 있는 추세다.

우리나라에서는 유리가 지금으로부터 2,200여 년 전인 철기시대부터 만들어지기 시작했으며, 기원을 전후해서는 동아시아의 유리보고(寶庫)로 자리매김될 정도로 유리가 많이 만들어졌다. 3세기에 저술된 중국의 사서 『삼국지』에는 삼한인(三韓人)들은 금이나 은, 비단보다도 유리를 더 귀한 재보로 여긴다고 씌어 있다. 지금까지 출토된 여러 가지 유리유물로 미루어 우리나라의 유리제품은 크게 장식품과 그릇의 두 가지로 나누어지며, 일찍이 기원전부터 만들어지기 시작했을 뿐만 아니라, 소재나 기법이 다양하고 그 교류 또한 상당히 광범위했다는 것을 알 수 있다. 특히 주목되는 것은 우리나라 유리가 납-바륨유리, 칼륨유리, 소다유리, 납유리 등 다양한 조성성분을 가지고 있다는 사실이다. 이러한 다양성은 외국의 경우에 보기 드문 현상이다. 신기한 것은 한 유적에서 서로 다른 성분의 제품이 뒤섞여 발견된다는 일이다. 아마 이것은 여러 지역과의 활발한 교류가 가져온 결과일 것이다.

우리나라에서 발굴된 최초의 유리제품은 1989년에 부여 합송리 돌널무덤(석관묘)에서 출토된 길이가 각각 5~6cm 정도의 남색 대롱옥〔관옥管玉〕 7점인데, 제작연대는 기원전 2세기로 거슬러 올라간다. 일본 큐우슈우의 요시노가리(吉野ヶ里) 유적에서 출토된 48점의 대롱옥은 이 합송리 유리와 같은 성분의 유리구슬로서 한반도로부터 전

100

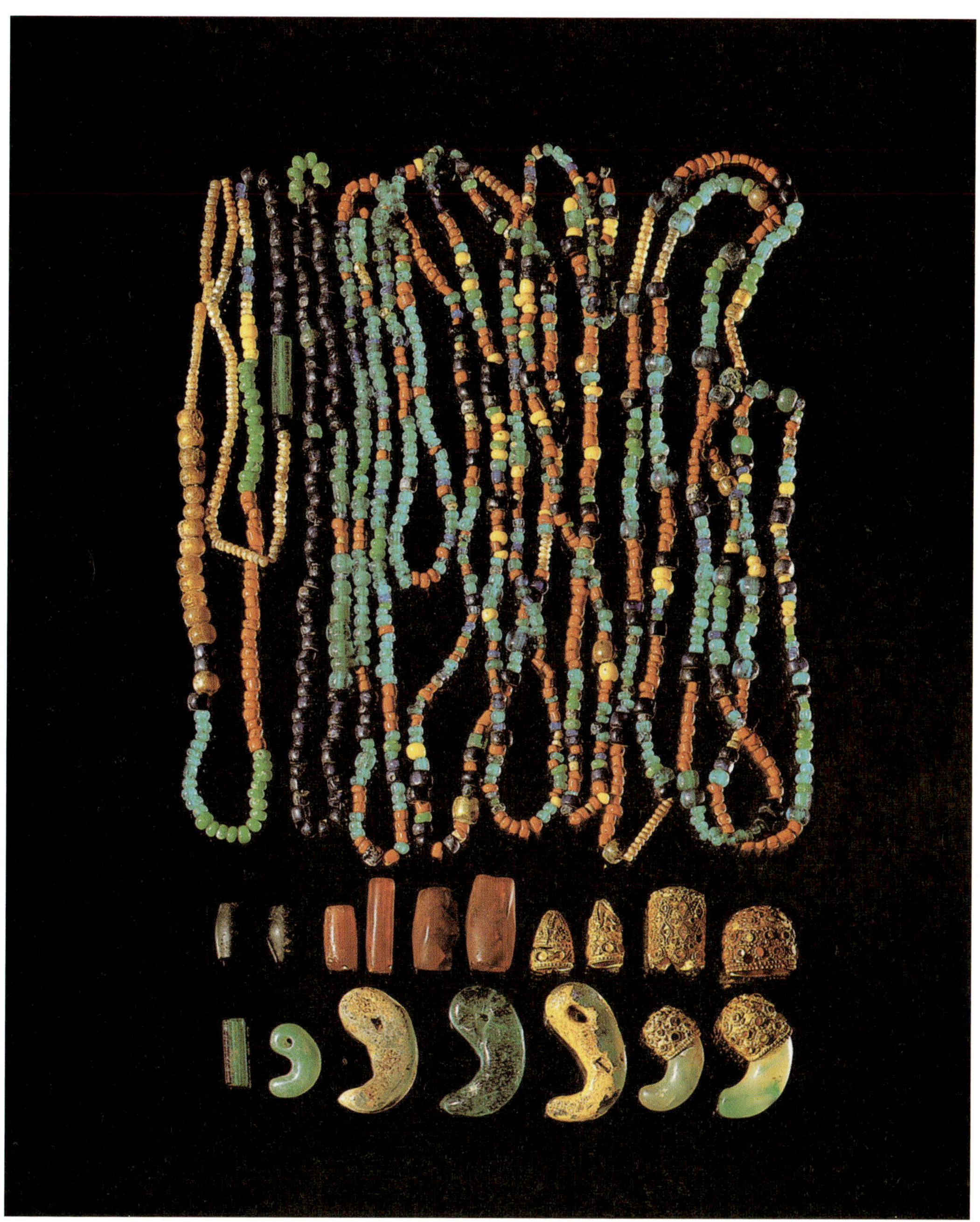

해진 것으로 판명된다. 이때부터 삼국시대 전반에 걸쳐 제작된 각양
각색의 유리장식품이 곳곳에서 발견되는데, 구슬이 주종을 이룬다.
그중에서 곱은옥〔곡옥曲玉〕은 우리나라 특유의 것이다. 이러한 장식품
들은 색깔이나 무늬가 한결같이 아름답고 우아하다. 구슬의 교류와
관련해 신묘한 느낌마저 주는 유물로는 경주 미추왕릉지구 고분에서
출토된 인물무늬 상감구슬이 있다. 목걸이의 중심 구슬에는 사람의
얼굴과 새, 그리고 꽃무늬가 검정·빨강·흰색으로 아주 정교하게 묘
사되어 있다. 얼굴의 생김새나 길고 짙은 눈썹 등으로 보아 아리아인
계통의 서역인임에 틀림없다. 원래 상감구슬은 사람의 얼굴이나 동
물·꽃·새 같은 동식물의 형상을 구슬 속에 새겨 넣는 일종의 모자이
크무늬의 구슬을 말하는데, 이러한 장식무늬구슬은 대체로 메소포타
미아나 이집트, 중앙아시아 등 서역 일원에서 일찍이 유행하였다. 이
런 점으로 보아 이 유물은 서역으로부터 유입된 것으로 짐작된다.

그런가 하면 6세기 전반에 축조된 백제 무령왕릉을 비롯한 몇몇 유
적에서는 전형적인 동남아 유리계통인 소다-석회유리(일명 인도-패씨
픽유리)로 만든 적색이나 적갈색의 아름다운 구슬이 선을 보여 동남아
시아와의 교류 일단을 시사하고 있다. 그 밖에 여러 유적에서 나오는
금박구슬●이나 점박이구슬● 같은 것도 서아시아나 중앙아시아, 동남
아시아에 그 기원을 두고 있거나 유행되던 것으로서 십중팔구는 교
류품이다.

여러 곳에서 출토된 이상의 장식용 유리제품을 둘러보면 다음과 같
은 두 가지 특색을 발견하게 된다.

첫째, 형태의 다양성이다. 곱은옥을 비롯해 대롱옥, 둥근구슬〔환옥
丸玉〕, 고리구슬〔환옥環玉〕, 꽃잎구슬〔화형옥花形玉〕, 모난구슬〔각형옥角形

玉〕 등 형태가 다종다양할 뿐만 아니라, 기타 장식용으로도 감입(嵌入), 말띠꾸미개〔운주雲珠〕, 말띠드리개〔행엽杏葉〕, 팔찌, 띠드리개〔요패腰佩〕 등에 여러 가지로 이용되고 있다. 이것은 용도의 다양성과 제작 기술의 숙련성을 의미한다.

둘째, 여러 계통 유리의 복합적 존재양상이다. 납-바륨계 유리가 대부분이지만 해남군 군곡리 조개더미에서 출토된 초록색 투명 대롱옥 4개는 소다계 유리로 밝혀졌다. 한편 경주시 조양동 나무널무덤(목관묘)과 제주시 용담동 독무덤(옹관묘) 출토의 남색 구슬은 산화칼륨을 14.5%, 그리고 서울 석촌동 돌무지무덤(적석총) 부근에서 채집된 갈색 구슬은 산화칼륨을 6.95% 함유하고 있어 칼륨(포타슘)계 유리에 속하는가 하면, 공주 무령왕릉 출토의 동자상은 알칼리계 유리에 속한다.

더욱 특이한 것은 같은 유적에서 서로 다른 계통의 유리가 발견된다는 사실이다. 예컨대 군곡리 조개더미에서 출토된 두 개의 대롱옥 중 한 개는 남색 불투명의 납-바륨 유리이고, 다른 한 개는 초록색 투명의 소다 유리다. 이처럼 다른 계통 유리가 공존하는 현상은 생산지나 원산지가 다르다는 것을 말한다. 납-바륨계 유리와 칼륨계 유리는 중국산이거나 중국 소재를 수입하여 제작한 것이고, 소다계 유리는 서방 로마유리의 수입품일 것이다. 또한 보편적인 남색·녹색 계열의 구슬 외에 동남아시아에서 성행한 적색이나 적갈색 계열의 소옥(小玉)과 금박구슬이 나타난 것은 동남아시아와의 교류관계를 시사해준다.

이처럼 우리 고대국가들은 기원을 전후한 초기단계에는 주로 구슬을 비롯해 아름답고 다양한 특유의 장식품을 만들거나 수입하여 우리의 유리제조사를 빛냈다. 그러다가 대체로 4세기 이후 삼국이 국가체제를 정비하고 대내외적으로 문화 발달에 관심을 돌리게 되면서, 전래된 제조기술이나 교류에 바탕하여 유리그릇을 만들어내거나 수입하기 시작했다. 지금까지 출토된 고대 유리용기류는 총 80여 점에 달하는데, 크게는 고분 출토품과 사리 관련품의 두 가지로 나뉜다. 그중 출토지가 분명한 22점은 모두가 9기의 신라 고분에서 출토되었으며, 그 연대는 4세기 말에서 5세기 말까지의 약 100년간에 해당된다. 고분에서 나온 이러한 용기들은 소재나 제조기법, 장식무늬, 색깔 등으로 보아 거의 후기 로마유리계에 속하는 것으로서, 4~5세기경에 지중해 연안에서 제작된 후 흑해로 북상해 남러시아에서 초원로를 따라 북중국을 거쳐 신라에 유입된 것으로 추정된다.

이러한 추정을 가능케 하는 것은 초원로를 낀 여러 곳에서 유사품들이 발견된다는 사실이다. 신라 고분에서 출토된 유리용기들은 98호분의 출토품 4점을 제외하고는 그 유사품들이 지중해 주변이나 남러시아, 중부유럽, 북중국의 넓은 지역에서 발견되고 있는데, 모두가 전형적인 후기 로마유리계 유리용기들이다. 앞에서 말한 새머리 모양 물병은 그 대표적인 일례다. 이러한 사실은 초원로를 통해 유리가 동쪽으로 전파되었다는 설을 뒷받침해주며, 아울러 신라문화가 초원로를 통해 로마문화와 접촉했음을 시사한다.

이러한 맥락의 유리 교류는 통일신라시대에도 계속된다. 그러한 유리용기로는 불국사 석가탑을 비롯한 불사의 사리그릇으로 쓰인 8점의 용기가 있다. 그중 1959년 경북 칠곡군 송림사 5층 전탑에서 나온 금동제 사리그릇은 매우 드문 유물로 학계의 주목을 끌고 있다. 통일신라시대의 초기인 7세기 초에 건조된 이 탑의 중앙부에 안치된 네모

난 금동제 사리그릇 속에는 큰 유리잔과 다시 그 속에 작은 녹색 유
리병(높이 7cm)이 들어 있다. 유리잔 표면에는 페르시아의 사산계 무
늬인 고리무늬〔環紋〕가 3단으로 장식되어 있다. 이것은 사산계 유리
제품이나 제조기법이 중국을 통해 우리나라에 들어왔음을 말해준다.
이처럼 로마유리계 용기가 고신라 고분에서 출토되고, 사산계 용기
가 통일신라시대의 사리탑에서 발견되었다는 사실은 동서문명교류
라는 큰 흐름 속에서 고신라문화와 통일신라문화가 지니고 있는 상
이성과 그 변모를 상징적으로 보여준다고 할 수 있다.

106

　다행히도 우리에겐 역사의 '불사조'라고 하는 유리유물이 많이 남아 있어 우리의 그 옛날 역사, 특히 남들과 어울렸던 역사, 동아시아의 유리보고로 당당했던 역사를 생생하게 증언하고 있다. 불과 모래를 '조화'시킨 것이 유리라고 할진대, 우리네 역사도 동서남북을 가리지 않고 남들과의 조화를 이룬 때가 분명 있었다. 그럴 때 우리는 흥했고, 그렇지 못했을 때 낭패를 맛보았다. 이것이 유리가 우리에게 주는 엄정하고도 고마운 교훈이다.

지울 수 없는
고구려의 정체성

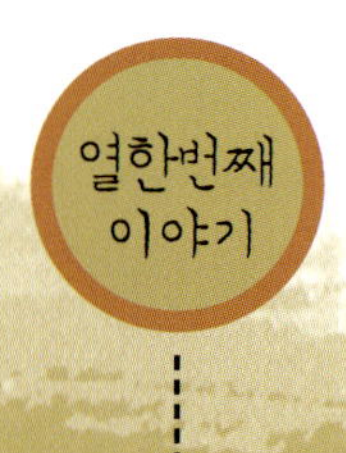

고구려의 옛 땅 옌볜(延邊)은 필자가 나서 자란 고장이다. 거기서 고구려의 떳떳한 후예로 자부하면서 겨레의 역사를 배웠고 겨레의 얼과 넋을 키웠다.

약 50년 전 이맘때, 그러니까 뻬이징대학 3학년 여름방학 때, 고구려의 수도였던 지안현(集安縣) 퉁꺼우(通溝)로 찾아갔다. 유유히 흐르는 압록강 북안에 자리한 그곳 룽샨(龍山)의 나지막한 언덕 위, 우

거진 숲 속에서 그 위용을 드러낸 '동방의 피라미드' 장군총 앞에 오래도록 서 있었다. 주변의 광개토대왕비며 태왕릉, 그리고 수백 기의 무덤들이 고즈넉이 눈앞에 펼쳐졌다. 돌보는 사람, 찾는 사람도 별로 없이 삭아빠진 나무푯말만이 비스듬히 꽂혀 있었다. 같은 해라고 기억되는데, '아시아사' 강의를 맡은 저명한 져우이량(周一良) 교수는 기말 구두고사 때 본인을 '꼬리렌'(즉 '고구려인')이라고 부르면서 고구려에 관해 이것저것 물었다. 그는 1960년대에 공동저술한 『세계통사』에서 고구려는 한민족 국가라고 못 박았다. 사실 이것이 얼마 전까지만 해도 중국 정통사학계의 정견(正見)이었다.

그러나 그 무렵, 민족사의 어제를 다시 돌아보게 하는 충격적인 일이 일어났다. 뻬이징대학에 유학 온 북녘의 이지린(李趾麟) 교수가 고조선의 영역을 서쪽으로 롼허(灤河)까지 넓힌 괄목할 만한 연구성과를 내놓았다. 이 과정에 일부 중국 학자들이 고조선—고구려—발해로 이어지는 우리 민족의 북방사에 의문을 던지는 낌새가 보여, 자

비려
거란
동부여
숙신
책성(훈춘)
후연
고 구 려
남소성
목저성
백암성
졸본성
국내성
요동성
안시성
오골성
동예
동 해
평양성
수곡성
(신계)
한성(재령)
위례성
당항성(남양)
서 해
웅진(공주)
사비(부여)
신 라
금성(경주)
대가야
(고령)
가 야
금관(김해)
백 제
탐라
전성기의 고구려
광개토대왕 때의 영토
장수왕 때의 영토
광개토대왕의 진출 방향
장수왕의 진출 방향
고구려의 주요 성
수도
당시의 주요도시

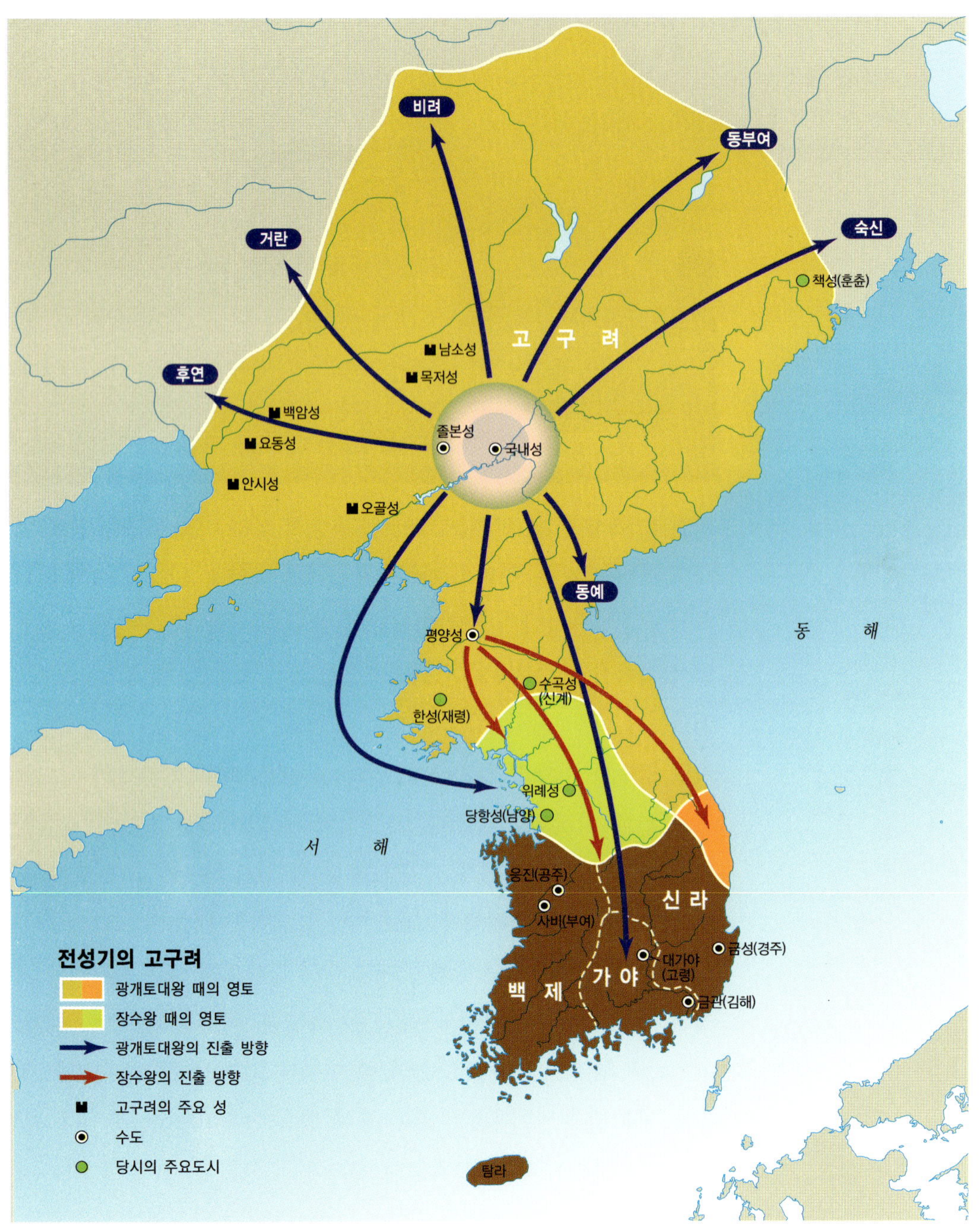

110

광개토대왕릉비 ● 약 1775자, 높이 6.39m.

전성기의 고구려

칫 앞으로 논쟁거리가 되겠구나 하는 예감이 들었다. 이교수와 의기투합한 필자는 중국의 인사동 격인 뻬이징 유리창가에 널려 있는 고서점들을 샅샅이 훑으면서 구한 관련사료들을 한 보따리 챙겨가지고 1963년 북녘에 환국했다. 20년 후 남녘에 와보니 이쪽 학계에서도 고조선 영토문제가 한창 논란 중이었다. 그것을 곁에서 말없이 그저 지켜봐야만 했던 것이 지금도 점직스러운 기억으로 남아 있다.

그로부터 10여 년이 지난 1996년 초, 샹하이 푸딴(復旦)대학에서 열린 '탄치샹(譚其驤) 선생 탄생 85주년 기념 국제학술대회'에 초청되어 「고대 한·중 육로 시론(試論)」이란 논문을 발표했다. 탄치샹씨는 1980년대 이른바 중국의 '통일적 다민족국가'론, 즉 역사적으로 오늘의 중국 판도 내에 있던 모든 국가나 민족은 중국에 귀속된다는 '귀속론'의 이론적 틀을 마련한 중국 역사지리학계의 거목이다. 내가 대회에서 발표한 논문의 요지는 고대(고조선과 삼국시대)부터 씰크로드의 3대 간선의 하나인 오아시스 육로가 장안(長安, 지금의 시안)에서 유주(幽州, 지금의 뻬이징)를 걸쳐 고구려땅을 관통해 경주까지 이어졌다는 이른바 '씰크로드의 한반도 연장설'이었다. 참가자들은 대체로 동감을 표했으나, 한 사람만이 유별나게 이의를 제기했다. 그가 바로 고구려의 중국 편입을 앞장서 주창해온 '션양(瀋陽) 동아연구중심' 주임(소장)인 쑨진지(孫進己)씨다. 그는 평양 천도 이전의 고구려는 중국에 신하로 예속된 나라이기 때문에 그곳을 한민족 국가로 삼아 씰크로드 운운하는 것은 부당하다는 반론을 폈다. 역

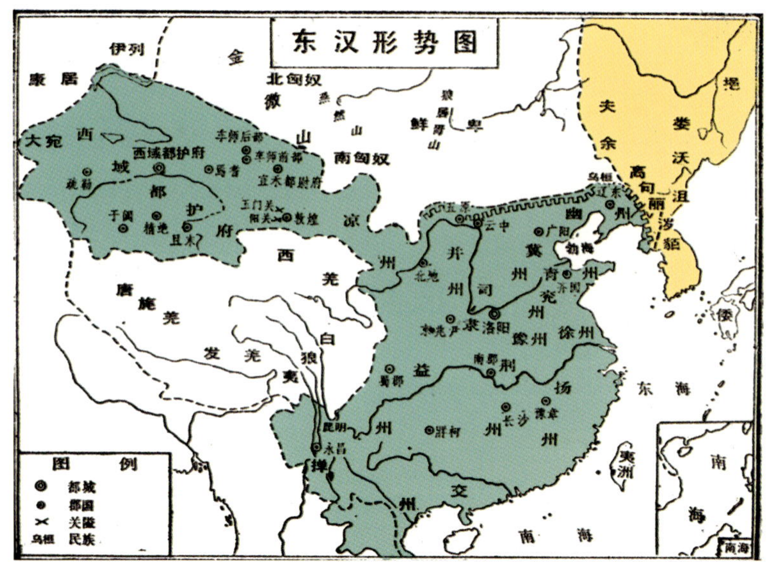

「동한형세도」 ● 고구려를 중국
판도 밖의 외국으로 표시하고
있다.

시 '귀속론'의 논리다. 여러 가지 역사적 사실과 논리를 들어 견해를
주고받았다. 서로의 견해는 평행선을 달릴 뿐, 좀처럼 접점을 찾을
수가 없었다. 그러나 다행스럽게도 서로가 학자로서의 심성과 학풍
만은 구기려 하지 않았다. 논쟁 끝에 '구동존이(求同存異)'●하기로
하고 헤어졌다.

● 같은 견해는 함께 구하고, 다
른 것은 남겨두어 연구하자
는 뜻.

이렇게 고구려는 필자뿐만 아니라, 우리 겨레 모두의 가슴속에 마
냥 살아 숨 쉬고 있는 실체다. 중국은 이러한 실체를 무시한 채 관변
의 힘으로 '동북공정(東北工程)'이라는 어마어마한 괴물을 가설해놓
고 여러 가지 강변과 요설로 고구려사를 중국사에 끌어들이면서 고
구려의 정체성을 냉큼 지워버리려고 한다.

중국 측은 아예 종족 기원부터 건드린다. 역사적 사실은 고구려의
종족은 중국 동북지역과 한반도 일대에서 자생해 농경을 영위하던
예맥족계 종족임을 증언하고 있는데도, 중국은 엉뚱하게도 서명이나

112

저자, 저작연대, 어느 것 하나도 확실치 않은 『일주서(逸周書)』 같은 책을 인용해 전설상의 인물인 전욱(顓頊) 고양씨(高陽氏)의 후예 고이(高夷)가 바로 고씨 고구려의 선조라고까지 한다. '고구려'에서 '고' 자는 족칭이 아니라서, 고이와 연결시키는 것은 일종의 견강부회인 데다가, 전욱 고양씨는 기원전 2500년경 인물이고 고이는 기원전 1000년경 사람으로서 양자 사이에는 무려 1,500여 년이란 시간 차가 있다. 나는 이참에 '고구려'나 '고려'의 '려' 자는 '려'가 아니라 '리'로, '나라이름 리(麗)'로 읽어야 한다고 제언해본다.

종족기원문제와 더불어 고구려는 한나라의 한 군현인 현토군(玄菟郡) 안에 세워지고 발전했기 때문에 중국의 지방정권에 불과하다는 것이 또한 중국 학자들의 억지 주장이다. 그러나 고구려는 현토군 내에 자리하면서 평화공존한 것이 아니라, 그 동쪽에 성을 쌓고 강력한 무력으로 대응하였으며, 따라서 현토군은 고구려를 견제하는 창구역할이나 한 것뿐이다. 여기서 한 발 더 나아가 그들은 역사적 전통성은 무시한 채 단순히 영토 크기나 존속기간의 장단을 내세워 고구려를 중국의 영역에 편입시키고 있다. 고구려시대의 전체 국토의 3분의 2가량이 중국 영내이고, 평양 천도 이전의 기간은 464년(기원전 37~기원후 427)이고 이후 기간은 241년(427~668)이므로 결국 고구려는 중국에 귀속될 수밖에 없다는 단세포적인 논리다. 역사에서 단순 계량은 무리다. 더 황당한 것은, 천도 이전에도 평양은 고대 중국의 관할범위 안에 있었기 때문에 이중·삼중으로 고구려는 중국의 지방정권이고 고구려사는 중국사의 일부일 수밖에 없다는 강변이다. 그러나 이러한 강변이 이른바 '통일적 다민족국가론'과는 자가당착이라는 점은 과연 어떻게 설명할 것인가.

중국 측이 고구려의 '귀속'문제에서 가장 유력한 증거의 하나로 제시하고 있는 것이 이른바 조공·책봉관계다. 고구려는 중원 왕조에 조공하고 그로부터 책봉을 받는 처지여서 결국 중원 왕조의 신속국(臣屬國, 혹은 번속국藩屬國)일 수밖에 없다는 논리다. 우선, 중앙에 군림하여 지방을 호령하는 '중원 왕조'라는 것이 과연 실제로 존재했는가부터가 문제다. 고구려 존속 705년 동안에 중국 영내에서는 무려 35개 나라가 흥망했는데, 그중 30개 나라는 100년도 못 견디었으며, 한과 당 두 나라만이 간신히 200년을 넘겼다. 자신만의 고고한 천하관을 가지고 있는 동방의 패자(覇者) 고구려 입장에서 볼 때 '중원 왕조'란 한낱 허깨비에 불과했다. 다음으로, 원래 조공·책봉은 중앙과 지방 간에 맺어진 정치질서였다가 점차 국가 간의 교섭형식으로 발전한 일종의 관행인데, 이제까지 중국사람들은 중화관에서 출발하여 이러한 관계를 일방적인 신속관계로 왜곡하고 강요해왔다. 그러나 제아무리 왜곡하고 강요해도 고구려 같은 강자의 독자성을 무시할 수는 없다. 고구려는 광개토왕과 장수왕 때 영락·건흥(建興)이라는 독자적 연호까지 사용했다. 주변의 수많은 조공·책봉국 가운데서 유독 고구려만을 신속국으로 얽어매는 것은 그야말로 어불성설이다.

우리의 민족수호정신의 발현인 고구려의 대수(隋)·당(唐) 항쟁도 중국은 지방의 '소란'을 진압하기 위한 내전쯤으로 치부하고 있다. 그 이면에는 역시 독자적인 국제질서를 유지했던 고구려를 중국의 지방정권으로 편입시키려는 흑심이 깔려 있다. 이 전쟁은 중화적 질서를 무력으로 실현코자 하는 수·당의 야심에 대한 고구려의 정당한 항전으로서 두 세력 간의 국제전쟁이지 결코 중앙과 지방 간의 내전은 아

중원고구려비 ● 이 비는 고구려가 한반도 남부에까지 강력한 영향을 미쳤음을 보여준다. 충북 충주시 가금면.

114

니다. 그 밖에 중국학계는 고구려가 멸망한 후 그 주민의 상당수가 중국으로 흘러들어가 한족으로 흡수되었기 때문에 고구려사를 중국사의 일부로 파악해야 하며, 또한 고주몽이 세운 고구려와 왕건이 세운 고려는 본래 족속이 다르므로 계승관계가 이루어질 수 없다는 주제넘는 억측도 마다하지 않는다. 반박할 일고의 가치도 없다. 손바닥으로 하늘을 가리려는 한심한 우격다짐에 불과하다.

역설적으로 우리는 이러한 강변과 억지들을 지켜보면서 우리가 지켜나가야 할 고구려의 정체성을 재확인하게 된다. 그 정체성이란 고구려의 종족은 외부에서 들어온 것이 아닌 자생의 예맥족계라는 것, 고구려는 조공이나 책봉에 얽매인 '중원 왕조'의 지방정권이 아니라 중국 왕조사에는 전무후무하게 700년 이상 장수한 자주독립국가라는 것, 고구려는 고조선을 계승하고 발해와 고려로 이어지는, 한민족 역사의 정통국가라는 것, 고구려는 '중화문명'과는 무관하게 독자적인 선진문명을 가진 나라라는 것 등이다. 고구려의 정체성을 지키는 것은 우리 민족사의 뿌리를 지키는 일이다.

역사는 누가 지운다고 해서 지워지거나 바꾼다고 해서 바뀌지는 법이 없다. 왜냐하면 역사는 사실로만 남아 있기 때문이다. 그리고 '영토주권'이 '역사주권'과 다르다는 것은 역사학의 상식이다. 현실적으로 옛 고구려 땅을 지배한다고 해서 그 역사까지 마구 지배할 수는 없는 것이다. 다행히 중국의 일부 양식 있는 지식인들이 역사의 곡필에 맞서기 시작했다는 소식이 들린다. 이제부터라도 중국 측은 얼토당토않은 '역사 도발'을 접고 정도로 돌아와 큰 나라다움의 체통을 지켜줄 것을 역사를 믿고 중국을 아끼는 한 사학자의 양심으로 간절히 호소하는 바다. 한편, 우리로서는 남북이 뜻과 슬기를 한데 모아

당당하게 역사의 순리를 따라 대응 논리와 방안을 개발하고 전개하
여 우리다움의 성숙을 보여주어야 할 것이다.

당당한
고구려의 국제성

역사에서 보면, 한 나라의 생존은 다른 나라들과의 관계, 즉 그 국제
성에 크게 의존한다. 특히 역사의 격변기에는 그 의존도가 더욱 높아
진다. 그런데 이러한 국제성은 국가의 권력행위에서 나타난다. 국제
관계에서 권력행위란 다른 나라에 대하여 영향력을 행사하는 능력과
다른 나라로부터의 영향을 거부하는 능력을 발휘하는 행위를 말한
다. 따라서 이러한 국제성은 한 나라의 정체성이나 자주성을 가늠하

는 시금석이 된다.

가소롭게도 중국은 이러한 역사논리를 무시한 채 터무니없는 강변으로 고구려를 예하의 '지방정권'으로 보고 고구려사를 중국사에 편입시키는 역사변조를 서슴지 않고 있다. 중국의 변조 '논리'대로라면, 고구려는 으슥한 변방 구석에서 아무런 국제성도 없이 '중원 왕조'의 시중이나 드는 일개 지방 군현에 불과했어야 했을 것이다. 그러나 역사는 이것이 허망한 가정임을 사실로써 통박하고 있다. 사실로 끝나는 역사에는 가정이란 있을 수 없다.

고구려는 중국에 신속된 '지방정권'이 아니라, 번갈아 일어난 35개의 중국 왕조와 단기필마(單騎匹馬)로 자웅을 겨루면서 700여 년의 장수를 누린 강력한 국제적 실체로서의 주권국가였다. 1세기 태조왕대에 고대국가체제를 완성하고 5세기 광개토왕과 장수왕대에 이르러 국토를 크게 확대하여 그 전성기를 맞이했다. 전성기의 판도는 랴오뚱을 비롯한 중국 동북지방의 대부분과 한반도의 한강상류지역까지 광활한 지역을 아우른 명실상부한 동아시아의 패자, 대제국이었다. 동서 6,000리와 남북 4,000리의 넓은 국토와 탄탄한 국가체제, 그리고 30만의 강군을 가진 고구려는 대제국답게 격변하는 국제질서에 능동적으로 대처하면서 의연한 자세로 능수능란한 외교정책과 전략·전술에 의거해 독자적인 대외활동을 펴나갔다. 국제성을 담보하는 이러한 대외활동이 없었던들 외래 압박이 빈발하는 국제환경 속에서 고구려는 그토록 장수할 수가 없었을 것이다.

고구려는 이웃나라 중국과의 관계에서 당당한 권력행위자로서의 면모를 여실히 보여주었다. 고구려는 생존 전 기간에 걸쳐 중국의 '중원 왕조'뿐만 아니라, 서북방 초원지대의 여러 민족이나 국가들과도 다중적(多重的) 외교관계를 맺고 자신의 생존과 동아시아 질서의 한 축을 굳건히 지켜나갔다. 중국은 5세기에 접어들면서 3국과 5호 16국이라는 오랫동안의 분란시대를 마감하고 남북조시대를 맞는다. 그 무렵 평양에 천도한 고구려의 맞상대는 국경을 접하고 있는 강대한 북위(北魏)였다.

고구려는 시종 북위와 적대관계에 있는 남조와 북방의 유연(柔然)을 포섭하는 능숙한 외교정책으로 북위를 견제했다. 표면상 고구려는 북위에 사신을 자주 보내는 등 화친을 도모하면서 자신의 위상을 높이고 북위의 동진에 제동을 걸었다. 북위는 연회의 입장 순서나 저택 배정 같은 외국사절에 대한 대우에서 고구려사절을 남조 버금가게 우대했다. 이것은 북위인들이 말하듯이 강력한 고구려의 국력 때문이었다. 그러나 고구려는 '영향을 거부하는 능력'도 서슴없이 과시한다. 북위 조정이 장수왕의 딸을 후궁으로 맞이하겠다며 정략결혼을 강요하자 고구려는 내정을 노출시키는 계기가 될 수 있다는 우려에서 북위의 청혼사절단을 억류하는 강경자세를 취한다. 주권국가로서의 고구려가 취한 당당한 권력행위다.

북위에 이어 중국을 통일한 수나라에 대한 대응도 자못 의젓했다. 수나라는 건국 초부터 분별없이 고구려를 적대시했지만, 600여 년의 경륜을 쌓은 고구려 앞에서는 한낱 애송이의 허장성세에 불과했다. 고구려는 강온양면책으로 수나라를 길들인다. 4년간 해마다 사신을 보내 정세를 내탐하고 무기제조기술자들을 데리고 와서는 병기를 확충했다. 그런가 하면 염탐 목적으로 파견된 수 문제(文帝)의 사신을 가차 없이 연금하여 침투를 사전에 차단했을 뿐만 아니라, 영양왕은 선제책으로 말갈병 1만 명을 직접 이끌고 랴오시(遼西)를 공략했다.

이에 수 문제가 30만 대군을 이끌고 수륙양면전으로 대응해왔으나 전패를 당했고, 이어 있은 수 양제 휘하의 113만 대군의 침입도 을지문덕의 유인전술에 걸려 살수(薩水, 청천강)에서 고배를 마셨다. 적장 우중문(于仲文)은 을지문덕이 보낸 그 유명한 오언시(五言詩) 네 수에 그만 혼을 빼앗기고 퇴각하다가 참변을 당한다.

神策究天文　귀신같은 책략은 하늘의 이치를 다했고,
신 책 구 천 문
妙算窮地理　오묘한 꾀는 땅의 이치를 깨우쳤네.
묘 산 궁 지 리
戰勝功旣高　싸움에서 이긴 공이 이미 높으니,
전 승 공 기 고
知足願云止　만족함을 알고 그만두기를 이르노라.
지 족 원 운 지

지장(智將)의 슬기는 나라를 위험에서 건져냈다. 네 차례에 걸친 고구려와 수나라 간의 전쟁은 중국 측이 주장하는 것처럼 지방의 '소란'을 진압하기 위한 '내전'이 아니라, 수의 완패로 판가름 난 두 나라 간의 국운을 건 한판 국제전쟁이었다.

고구려의 대수나라 정책에서 주목되는 것은 국제적 연대를 모색하기 위해 '원교근공(遠交近攻)' 즉 '먼 곳과 사귀어서 가까운 곳을 공격'하는 현명한 외교정책을 추구했다는 사실이다. 『삼국사기』「고구려본기」에 의하면, 고구려 영양왕은 7세기 초 돌궐과 공동으로 수나라에 대항하기 위해 사신을 당시 오르도스(현 네이멍꾸자치구 쑤이위안綏遠)에 있던 돌궐왕 계민(啓民) 칸에게 파견한다. 때마침 그곳을 방문하면서 이 사실을 감지한 양제는 불쾌히 여겨 사신에게, 돌아가 고구려왕에게 입조의 예를 지키지 아니하면 돌궐과 함께 징벌하겠다고 전하라면서 위협한다. 그러나 고구려는 이러한 노골적인 위협에도

굴하지 않고 입조를 끝내 거부했다.

비록 수나라와 군신관계에 있는 계민의 적극적인 호응은 얻어내지 못했고, 또 일찍이 랴오뚱 지역을 공격해 온 돌궐군을 격파해 1,000여 명을 살상한 전력이 있기는 하지만, 고구려는 6~7세기 동북아시아 3대 세력의 하나로 부상한 돌궐과는 중국을 견제하기 위해서 일관되게 화친정책을 모색해왔다. 돌궐제국의 중심지였던 오르혼강(현 몽골 공화국 경내) 주변의 호쇼차이담 분지에서 발견된 퀼테긴 비문에는 제국의 시조 부믄 칸의 장례식(553)에 "동으로는 해 뜨는 곳에서 뵈클리(Bökli)"가 조문단을 파견했다고 씌어 있다. '뵈클리'에 관해 동서양 학계에서는 대체로 B는 M의 환치음이므로 '뵈클리'는 '뫼클리', 즉 '맥구려(貊句麗)'로서 고구려를 지칭한다는 데 견해를 같이하고 있다. 이것은 돌궐이 흥기할 때부터 고구려는 동북아시아에 전개될 국제질서의 판도를 미리 판단하고 북방세력과 제휴하기 위한 거시적 대외정책을 구사하고 있었다는 증좌다.

고구려의 대당나라 정책도 같은 맥락에서 추진되었다. 고구려와의 대결에서 연전연패해 심각한 후유

증에 시달린 수나라는 결국 40년도 채 안 되는 단명으로 존재를 마쳤다. 이어 구원(舊怨)을 품고 일어난 당나라는 2대 태종 때부터 분명하게 중앙과 지방 간의 관계가 아닌, 나라와 나라 간의 관계로 고구려에 대해 외교적 압력을 가하기 시작했다. 사신을 보내 수대의 침략전쟁에서 전몰한 전사자들의 해골을 찾아 묻고, 고구려의 전승기념물인 '경관(京觀)'을 헐어버리는가 하면, 사신의 이름으로 정탐꾼들을 보내 고구려의 지세와 정세를 염탐하기도 했다. 이러한 당의 침략의도에 대비해 고구려는 16년간에 걸쳐 랴오허 지방의 국경 연변에 천리장성을 쌓고, 연개소문(淵蓋蘇文)을 위시한 대당 강경파들의 주

122

도하에 당의 동진정책을 성공적으로 막아냈다. 이에 실망한 당 태종은 친히 대군을 이끌고 랴오뚱성을 공격해 고구려의 요새 안시성(安市城)을 연인원 50만 명으로 60일간 포위했으나 결국 함락하지 못하고 오히려 얼굴에 상처까지 입고 물러가는 수치를 당했다. 이 역시 국운을 건 두 나라 간의 한차례 국제전쟁이었다.

당으로부터의 위협이 시시각각으로 더해지는 상황에서 고구려는 앞 조대인 수나라 때와 마찬가지로, 다 같이 인접한 중국으로부터의 위협 속에서 동병상린(同病相隣)의 처지에 놓여 있는 서역 나라들과 연합하여 당을 동서로 협공할 이른바 '원교근공' 정책을 계속 추구했다. 이러한 고구려의 대외정책을 반영한 유물이 40년 전 중앙아시아의 한 고분벽화에서 발견되었다. 1965년 우즈베크의 사마르칸트시 교외에 있는 아프라시압 궁전터에서 발견된, 7세기 중엽(650~655) 이곳을 통치하던 와르후만(Varxuman, 불호만拂呼縵) 왕을 진현하는 12명의 외국사절단 행렬도 벽화가 바로 그것이다. 그 행렬의 마지막에 팔짱을 낀 채 깃털관〔조우관鳥羽冠〕을 쓰고 둥근머리큰칼〔환두대도環頭大刀〕을 찬 몽골인종계의 두 사람이 서 있다. 인종이나 복식, 그리고 유연과 돌궐을 비롯한 북방세력과의 유대를 줄곧 유지해왔던 점 등을 감안할 때, 이 두 사람은 당으로부터의 압박으로 인해 국운이 경각에 달려 있을 때 멀리 서역 나라들과 연합전선을 구축하기 위해 북방 초원로를 타고 그곳에 사행한 고구려사절로 추단된다. 역시 고구려의 국제성이 돋보이는 대목이다.

이것이 700여 년간 동아시아 국제질서의 축으로서 국제성을 확보하고 있던 고구려의 정체다. 그 어디에도 '중원 왕조'에 오금이 박혀 기를 못 펴는 흔적이란 찾아볼 수 없다. 오히려 변화하는 국제질서에

쿨테긴비문 ● 돌궐제국 시조의 장례식에 고구려가 조문단을 파견했다고 기록되어 있음 / 723년 건립.

능동적으로 대처하는 당당한 권력행위의 주체로서 고구려가 누린 의

젓한 위상만을 보여주고 있을 따름이다.

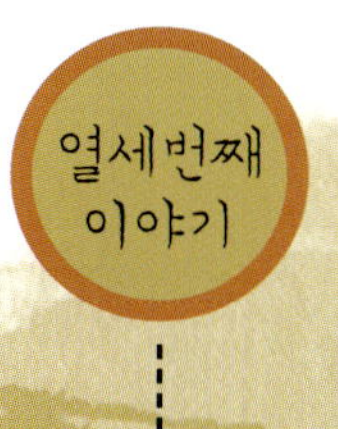

진취적인
고구려의 교류상

2004년 7월 초 중국 쑤저우(蘇州)에서 열린 제28차 유네스코 세계유
산위원회에서 고구려 유적이 '세계문화유산'으로 정식 등재되었다.
뒤늦은 감이 없지 않으나, 그나마도 다행이다. 이 등재를 둘러싸고
우리가 유네스코와 몇 년 동안 줄다리기를 벌이다가 가까스로 이기
기는 했다지만, '완승'은 아니고 '반판승(半判勝)'이다. 왜냐하면 우
리의 문화유산 절반을 중국에 빼앗긴 꼴이 되었기 때문이다. 이것은

씨름하는 모습 ● 고구려 각저
총 벽화.

분명 역사의 상실이다. 이를 묵과하거나, 이에 안주해서는 안 되며,
분발해서 응분의 역사 몫을 되찾아야 할 것이다.

　원래 일국의 문화유산을 세계문화유산으로 유네스코에 등재하는
것은 그 문화유산의 보편주의적 가치를 공인하고 공유하려는 데서
나온 인류 공동의 발상이다. 그러나 이 숭고한 이상이 때로는 궤변의
볼모로 잡혀 엉뚱하게 이용당하곤 하는 꼴을 목격하게 된다. 병인양
요 때 프랑스가 약탈해간 외규장각 고문서를 우리는 돌려달라고 하
나, 상대는 그 유산이 한국이라는 특정 국가의 독점물이 아니라, 인
류 전체에게 보편주의적 가치를 지닌다는 그럴싸한 구실을 내걸고
앙탈을 부리고 있다.

126

　그런가 하면 이번에 중국은 '고구려 수도, 귀족과 왕족의 무덤'이란 앙큼한 이름으로 우리네 문화유산을 따로 등재하고는 여러 가지 가당찮은 '이유'와 감언이설로 그 합법을 강변하고 있다. 여기에는 고구려사를 중국사에 편입시키려는 역사적 변조와 정치적 패권의 얄팍한 속내가 깔려 있음은 불 보듯 뻔하다. 그 어디에 있든 간에 문화유산의 진정한 주인은 그 창조자이며, 따라서 그러한 유산은 그 어디에 있든 간에 창조자인 주인에게 되돌려주어야 한다는 것은 일종의 불문율이다. 저들 박물관의 공동(空洞)이나 역사의 변조에 안달해 남의 유산을 사취하곤 모른 척하는 것은 공분에 직면할 역사의 반역이다.

　특정 문화유산의 보편주의적 가치는 그 문화의 교류상과 뗄 수 없는 관계에 있다. 자생성과 모방성이란 근본속성으로 인해 문화는 불가피하게 서로 교류되며, 그 교류과정에서 비로소 모두에게 공유되는 보편주의적 가치가 창조되고 정착되는 법이다. 그리하여 교류를 떠난 문화유산의 보편주의적 가치란 상상할 수 없다.

　우리는 슬기로운 선조들의 창의성과 노력에 의해 인류 모두에게 보편주의적 가치를 선사할 수 있는 세계적 문화유산을 수두룩하게 가지고 있다. 그중 고구려 문화유산이 가장 뛰어나거니와, 그 가운데서도 고분벽화는 가위 백미(白眉)라고 할 수 있다. 역사의 해명에서 벽화가 갖는 의미는 각별하다. 기록은 기록자에 의해 실상이 가감될 수 있지만, 벽화만은 그대로의 현실을 생생하게 그려내고 있다. 그래서 어느 학자는 벽화를 보유하고 있는 민족은 '핵무기를 보유하고 있는 민족보다 훨씬 위대하고 강하다'고 했다. 일리가 있다. 우리는 세계에서 몇 안 되는 그러한 민족 중의 하나다.

　지금까지 알려진 고구려 벽화고분은 약 95기에 달한다. 그중 오늘

의 중국 경내에 있는 것이 24기이고, 나머지 71기는 모두 평양을 중
심으로 한 북녘에 널려 있다. 3세기 초부터 7세기 사이에 만들어진
이 고분들에 그려진 벽화는 주제에 따라 대체로 인물풍속도, 장식무
늬도, 사신도(四神圖)의 3개 발전단계로 구분되는데, 모두가 고구려
인들의 깊은 혼이 간직되고 숭고한 사상과 생활모습이 담긴 귀중한
예술작품이며 역사자료다. 벽화의 이러한 주제 변화는 고구려만의
독특한 것이다. 이 벽화들의 주제를 통해 우리는 인류공동체 속에서
남들과 더불어 살아온 한 구성체로서의 고구려가 보여준 진취적이고
개방적인 교류상을 또렷이 확인할 수 있다.

이러한 교류상은 멀리 서역과의 교류에서 그 전형을 찾아볼 수 있
다. 벽화에서 보다시피 고구려인들은 서역인들과 같은 유형, 즉 카프
탄형(kaftan, 앞 여밈형, 전개형前開型)의 복식을 착용하고 있다. 이 형은
고대 아시아 유목기마민족의 복식에서 시원하여 중앙아시아와 서아
시아를 포함한 서역 일원에서 널리 유행하다가 마침내 범아시아적인

128

전통복식으로 정착되었다. 그러나 이 형 특유의 기본형식은 유지하면서도 고구려인들을 포함해 아시아인들은 자신들의 생활환경과 수요에 걸맞게 여러 가지 양식적 변화를 가했다. 고구려 무용총(舞踊塚) 주실 동벽 벽화의 여인복식에서 보다시피, 카프탄형에 속하는 서역복식들은 앞의 중심선에서 트이고, 앞면이나 길, 소매가 직선으로 재단되며, 앞 중심부에 섶을, 양 옆선에 무를 대며, 좌우 옷깃을 앞면에서 여미며, 속이나 밖에 다른 옷을 겹쳐 입는 등의 특징을 공유하고 있다. 이것은 고구려복식의 유형적 국제성과 더불어 서역복식과의 상관성을 말해주고 있다. 치파오 같은 중국인들의 전통복식은 이와는 전혀 다른 모양새다.

문화에서 유형(類型, type)은 공통되는 문화형식을 말하는데, 그것은 주로 전파과정을 통해 이루어진다. 이에 비해 양식(樣式, style)은 드러난 문화의 가변적인 표현형식을 말하는 것으로서, 시대나 환경에 따라 변할 수 있다. 벽화에 나타난 고구려복식과 서역복식을 양식적 측면에서 비교·검토해보면, 다 같이 바지와 저고리를 착용하고, 깃이나 섶, 도련, 소매 끝에 다른 색의 천으로 단(연緣)을 두르는 가연법(加緣法)을 취하며, 고깔형의 모자인 변형모(弁形帽)와 조우관(鳥羽冠) 같은 둥근 모자를 쓰는 등의 공통점을 발견하게 된다.

다음으로, 벽화에 나타나는 각종 동물 관련 소재는 거의 그 기원을 서역이나 북방 유목기마민족문화에 두고 있다. 덕흥리(德興里) 고분의 전실 천장에는 머리 쪽에 '천마의 상[天馬之像]'이란 글자가 새겨진 천마가 하늘세계로 비상하고 있다. 무용총이나 안악 1호분에서도 비슷한 천마 그림이 발견된다. 5세기 초 고구려에 정착된 이 천마사상은 5세기 말이나 6세기 초에 신라로 전파되어 경주의 천마총에서

재현된다. 천마 같은 신성한 동물상이 나
타나는가 하면, 동물의 수렵도나 투쟁도
도 적잖게 눈에 뜨인다. 흥미로운 것은 챵
찬(長川) 1호분에서와 같이 살생을 금하
는 불교적 세계를 묘사할 때 수렵장면이
등장한다는 사실인데, 이것은 수렵을 내
세관이나 극락왕생을 표현하는 중요한 주
제로 삼은 초기 간다라 석조미술의 영향
을 받은 결과다. 특히 사신도 중의 하나

'천마의상' ● 덕흥리 고분 벽화.

인, 뱀이 거북을 감고 있는 현무도(玄武圖)는 서역에 기원을 둔 신성
한 동물 간의 투쟁에서 비롯된 것으로 짐작된다.

그리고 벽화에 나타나는 이색적인 서역인상은 당시 서역과의 인적
교류를 말해준다. 안악 3호분의 수박(手搏, 손잡고 겨루기)그림과 각저
총(角抵塚)의 씨름 그림에서 고구려인과 겨루는 상대는 큰 눈과 높은
매부리코를 지닌 심목고비(深目高鼻)의 서역인임이 틀림없다. 그림
속의 서역인이 우리가 흔히 절에서 보는 수호 담당의 사천왕이나 금
강역사 등 험상궂고 우락부락한 상징적 존재와는 달리, 평범한 생활
속에서 겨루기를 즐기는 인물로 등장한다는 것은 서역인이 고구려
땅에 와서 함께 살면서 서로의 문화를 주고받고 있다는 것을 의미한
다. 이것은 같은 시기의 북중국 벽화에서는 좀처럼 찾아볼 수 없는
현상으로서, 고구려가 중국을 거치지 않고 서역과 직접 교류하고 있
었음을 시사한다.

고구려 벽화에서 특기할 것은 명암의 대비나 변화를 통해 그림의 효
과를 노리는 이른바 명암법(明暗法, 일명 음양법 陰陽法, chiaroscuro)을 중

130

국보다도 일찍 서역으로부터 도입했다는 사실이다. 5세기 후반의 수산리(水山里) 고분에서 보면 인물들이 딛고 서 있는 기단부를 사각형의 구획으로 나누고 흑백색을 엇바꾸어 사용함으로써 입체감을 돋우어준다. 강서대묘(江西大墓)의 사신도가 그토록 생동감 넘치는 것도 바로 이러한 화법을 썼기 때문이다. 중국에서는 6세기부터 주로 불화

(佛畵)를 그리는 데 이 화법을 사용했는데, 명암으로 오목함과 불룩함을 나타낸다고 하여 요철화법(凹凸畵法)이라고 했다. 7세기 초 고구려 승려 담징(曇徵)은 종이와 붓, 맷돌을 가지고 일본 호오류우사(法隆寺)에 가서 이 화법으로 불화를 그려 일본 화단을 놀라게 했다.

끝으로, 고구려 벽화를 아름답게 수놓고 있는 몇 가지 무늬도 알고 보면 서역에서 들어온 것이다. 우선 가장 눈에 띄는 것이 연꽃무늬인데, 연화총(蓮花塚)을 비롯한 고구려 고분에서는 벽화뿐만 아니라 건축장식에까지도 널리 쓰이고 있다. 원래 연꽃무늬는 기원전 4900년경 고대 이집트에서 첫선을 보이는데, 연꽃은 재생과 불멸을 상징하는 행운의 꽃으로 여겨졌다. 그러다가 기원전 7세기경부터 페르시아인들에 의해 이집트와 인도 간에 교역이 시작됨에 따라 이집트의 수련(睡蓮, 흰색과 푸른색)과 인도의 홍련(紅蓮)이 서로 교류된 뒤 인도에서 불교가 흥기하고 이 꽃의 상징성이 불교 교리와 부합되자 불화(佛花)나 대표적인 불교공예무늬로 발전하였다. 가장 오래된 인도의 연꽃무늬는 마우리아(Maurya)조 제3대 왕 아소카를 기리기 위해 세

132

운 기념 석주의 연꽃받침(기원전 3세기)에서 나타나고 있는바, 이것은 불교문명권에서 발견된 최초의 연꽃무늬다.

불교 전래와 더불어 한반도 삼국 중에서 고구려가 제일 먼저 장식무늬로 연꽃무늬를 받아들여 벽화나 와당, 불상 등 다양한 방면에 이용했다. 그리하여 연화총을 비롯한 고구려 벽화에서는 이 무늬가 벽화뿐만 아니라 건축장식에까지 널리 쓰였음이 확인된다. 불교와 관련지어 수용한 것이기 때문에 대부분이 인도가 본산인 홍련을 모본(模本)으로 하여 갖가지 무늬를 안출했다. 전반적으로 볼 때, 고구려의 연꽃무늬는 고대 이집트나 인도의 연꽃무늬에 비해 상징적인 성격보다는 장식적인 성격이 더 짙은 것이 특징이다.

이참에 한 가지 짚고 넘어가고자 하는 것은 이집트에서 시원된 꽃잎은 홍련의 그것과는 달리 잎이 뾰족한 것이 특징인데, 그것이 바로 그리스나 로마에서 장식무늬로 채택되어 일찍이 동방으로 전래되었다는 사실이다. 감신총(龕神塚)을 비롯한 초기(4세기)의 고구려 고분벽화에서 이러한 모양새의 연화(수련)가 보인다. 지금까지의 통설로는 연화라고 하면 일률적으로 불교와 상관시켜 고찰했는데, 뾰족무늬인 경우는 서역 장식미술의 동전(東傳)으로 달리 설명되어야 할 것이라고 사료된다. 따라서 불교 전래 이전의 경우는 더 말할 나위가 없거니와, 감신총과 같이 불교 전래 초기에 나타난 이런 무늬에 관해서는 구명에서 신중을 기해야 할 것이다.

강서대묘와 지안(集安) 5호분의 벽면을 화려

하게 장식한 덩굴무늬(당초문)나 팔메트
(palmette)무늬도 서역에서 유래된 것이
다. 어울려 산다는 뜻이 담겨져 있는 덩굴
무늬는 주로 좁고 긴 벽면의 공간을 메우
는 장식무늬로 사용되었다. 지안 5호분에
서 보이는 팔메트무늬는 종려잎과 비슷한
부채꼴이나 손바닥 모양의 식물무늬로서
축을 기점으로 좌우대칭인 구도가 특징인
데, 이것은 전형적인 고대 유럽의 장식무
늬로 알려지고 있다.

대부분의 고구려 고분의 천장은 이른바
모줄임(말각조정抹角藻井, 귀접이식 천장, 마름
모꼴 천장, lantern ceiling)의 건축형식을 취하
고 있다. 강서대묘에서 보다시피, 정사각
형의 묘실 위에 천장을 만들 때 벽면 상단
의 네 모서리에서 판석을 내밀어서 맞붙
여 덮으면 천장의 열린 면적은 반으로 줄
어든다. 내부에서 올려다보면 벽면의 네

귀퉁이에 네 개의 삼각형 덮개가 보이게 된다. 이것을 되풀이하여
천장의 면적을 반씩 줄인 후 판석으로 덮개를 하여 천장을 마무리 짓
는다.

4세기경에 조영된 아프가니스탄의 바미안(Bamyan) 석굴군 733호
굴 천장이 바로 이런 구조의 모습이다. 이 구조는 중국 신장(新疆)의
키질(Kizil)을 비롯한 투르키스탄(Turkistan) 일원의 민가나 사원 건

134

물에서도 다수 발견되는데, 곳에 따라 마지막 열린 부분을 막지 않은
채 놔두어 공기나 연기, 햇빛 등이 잘 통하게 하기도 한다. 이런 점으
로 미루어 이 건축기법은 강수량이 많지 않고 추위도 심하지 않은 고
대 메소포타미아에서 생겨난 후 그리스에서 유행하다가 서아시아나
중앙아시아를 거쳐 고구려까지 동전되었다는 것이 학계의 중론이다.
동아시아에서 이 기법을 적극 도입한 나라는 고구려뿐이다. 중국은
도입하기는 했으나 극히 형식적이며, 백제나 신라, 일본에서는 도입
한 흔적이 발견되지 않고 있다.

그뿐만이 아니다. 음악에도 능하고 춤도 잘 추는 서역인들의 악무
또한 중국을 거쳐 고구려에 전래되고, 그것이 다시 신라나 백제, 이
어서 일본에까지 전해졌다는 것이 유물과 기록에 의해 입증되고 있
다. 고구려 고분벽화에는 여러 점의 서역 악기 연주장면이 그려져 있
고, 한적(漢籍)에도 서역 악기의 고구려 전래에 관한 기록이 보인다.
그 몇 가지를 살펴보면 다음과 같다.

① 횡적(橫笛) : 김부식(金富軾)은 『삼국사기』에서 신라시대의 대표
적 향악기의 일종인 삼죽(三竹)이 신라에서 기원했다고 하나, 기실
은 고구려의 횡적을 수용하여 발전시킨 것이다. 원래 횡적은 가로 부
는 호악(胡樂, 서역 악기)인데, 전한(前漢) 때(기원전 2세기) 서역에 사행
한 장건(張騫)이 갖고 들어와 서량(西凉)에 전해졌다가, 다시 5세기
경에 중국 북방을 통해 고구려에 들어온 서역 악기라는 것이 고증되
었다.

② 오현(五絃, 일명 오현비파五絃琵琶, 직경비파直頸枇杷) : 원래 오현비파
는 수나라 구부기(九部伎)의 안국기(安國伎), 소륵기(疎勒伎), 서량
기(西凉伎), 구자기(龜玆伎), 천축기(天竺伎)에 사용된 대표적인 서

역 악기다. 이 악기는 중국 남북조시대에 중국 북방의 북제(北齊)나 북주(北周)를 거쳐 고구려에 전해진 것으로서 문헌기록과 고고학적 자료(고구려 창찬 1호분 벽화)가 그 증거를 제시하고 있다. 신라는 이 악기를 고구려로부터 들여와 향비파(鄕琵琶)로 개명하였다.

③ 요고(腰鼓, 일명 세요고細腰鼓): 작은 장구처럼 생긴 악기로서 "큰 것은 기와로, 작은 것은 나무로 만들어 머리는 넓고 배는 가는데, 본래는 호악(胡樂)"이라고 『구당서(舊唐書)』는 전하고 있다. 이 악기가 당 십부기(十部伎)의 서량기, 구자기, 소륵기, 고창기(高昌伎)에 쓰인 것으로 보아 서역 악기임에는 틀림이 없다. 이 악기가 지안 4호분과 17호분의 벽화에 보이므로 고구려에서도 사용되었다는 것을 알 수 있다. 요고가 신라의 비암사(碑巖寺, 673년 건립) 계유명아미타불삼존석상(癸酉銘阿彌陀佛三尊石像)에 나타난 점으로 미루어 7세기 중엽에 이 서역 악기가 신라에 전해진 것으로 생각된다.

④ 공후류(箜篌類): 수공후(竪箜篌, 일명 호공후胡箜篌)는 수나라 구부

136

기와 당나라 십부기의 고려기에서, 와공후(臥箜篌)는 당나라 십부기의 고려기에서 서역악들과 함께 쓰인 점으로 보아 서역에서 전래된 악기라고 짐작된다. 725년에 건립된 상원사(上院寺) 범종의 몸체에 공후가 나타난 점으로 미루어 이 악기는 신라 중대에 신라가 수용했다고 볼 수 있다.

⑤ 필률(觱篥, 피리) : 피리가 수나라의 구부기 중 고려기 외에 안국기, 소륵기, 구자기 등 중앙아시아 여러 나라의 악기로 사용된 점으로 보아 서역계 악기임이 분명하다. 고구려의 피리에는 소피리, 대피리, 도피(桃皮)피리의 3가지가 있는데, 대피리가 창찬 1호분의 벽화에 나타난 사실로 미루어 5세기 무렵에 서역에서 중국 북방을 거쳐 고구려에 전래된 것으로 보인다.

⑥ 소(簫) : 소는 수나라의 구부기 중에 안국기, 소륵기, 구자기 등에서 쓰이며 중앙아시아 여러 나라에서 사용된 서역 악기다. 이 악기가 안악 3호분(357년 건조)과 창찬 1호분의 벽화에 나타난 사실로 보아 4세기경에 벌써 고구려에 들어왔다고 할 수 있다. 그리고 횡적과 함께 비암사 계유명아미타불삼존석상에 그 모습이 보이므로 신라의 수용기는 중대로 추정된다.

오늘의 영상매체에 맞먹는 벽화의 생생한 화면들을 통해 고구려의 진취적인 교류상을 살펴봤다. 고구려는 명실 공히 대제국답게 세계를 향해 가슴을 열고 세계인과 어깨를 나란히 하면서 기원과 계통을 달리하는 당대의 다원적인 가용문화(可用文化)를 적극 수용한 후 그것을 '고구려문화'라는 용광로 속에 용해시켜 특유의 선진문화를 창출했을 뿐만 아니라, 그것을 더욱 완숙시켜 신라나 백제, 심지어 일

와공후와 오현비파

본에까지 넘겨줌으로써 문명전달의 교두보 역할도 수행했다. 그 과
정에서 고구려의 대중국 교류는 인접한 한 나라와의 유무상통이었을
뿐, 그 이상도 그 이하도 아니었다. 이러한 교류상을 갖췄기에 고구
려의 당당한 국제성과 고구려 문화유산의 보편주의적 가치가 비로소
공인되는 것이다.

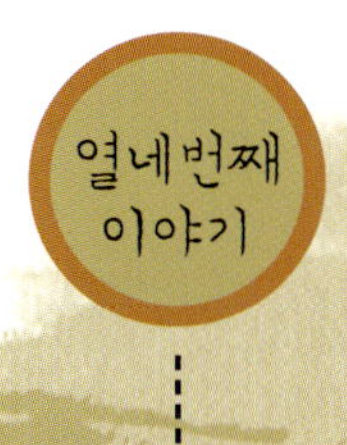

수난의 발해사

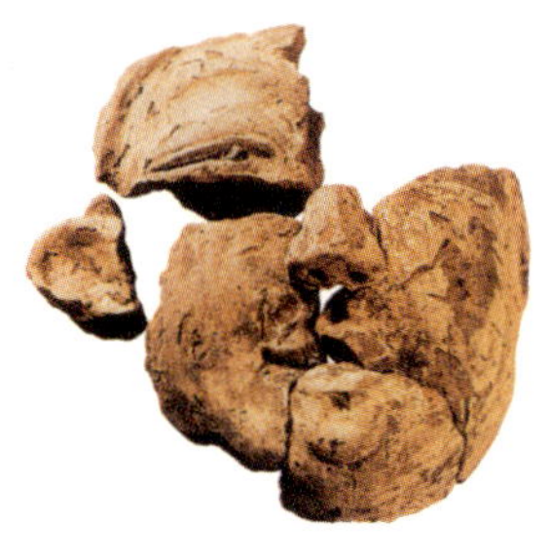

지금으로부터 50여 년 전, 중국 옌볜 고급중학교 2학년 때, 몇몇 학우들과 함께 발해의 옛터를 찾아 수학여행에 나섰다. 간 곳은 발해의 5경(京) 중 가장 오랫동안 수도였던 상경성(上京城, 上京龍泉府, 현 닝안시寧安市)과 부근의 징뽀호(鏡泊湖)였다. 사실 옌볜은 이 5경으로 에워싸인 고장이라서 어릴 적부터 발해에 관한 이야기를 적잖게 들어왔다. 그중에서도 발해의 마지막 왕이 보석거울을 물속에 감췄다고

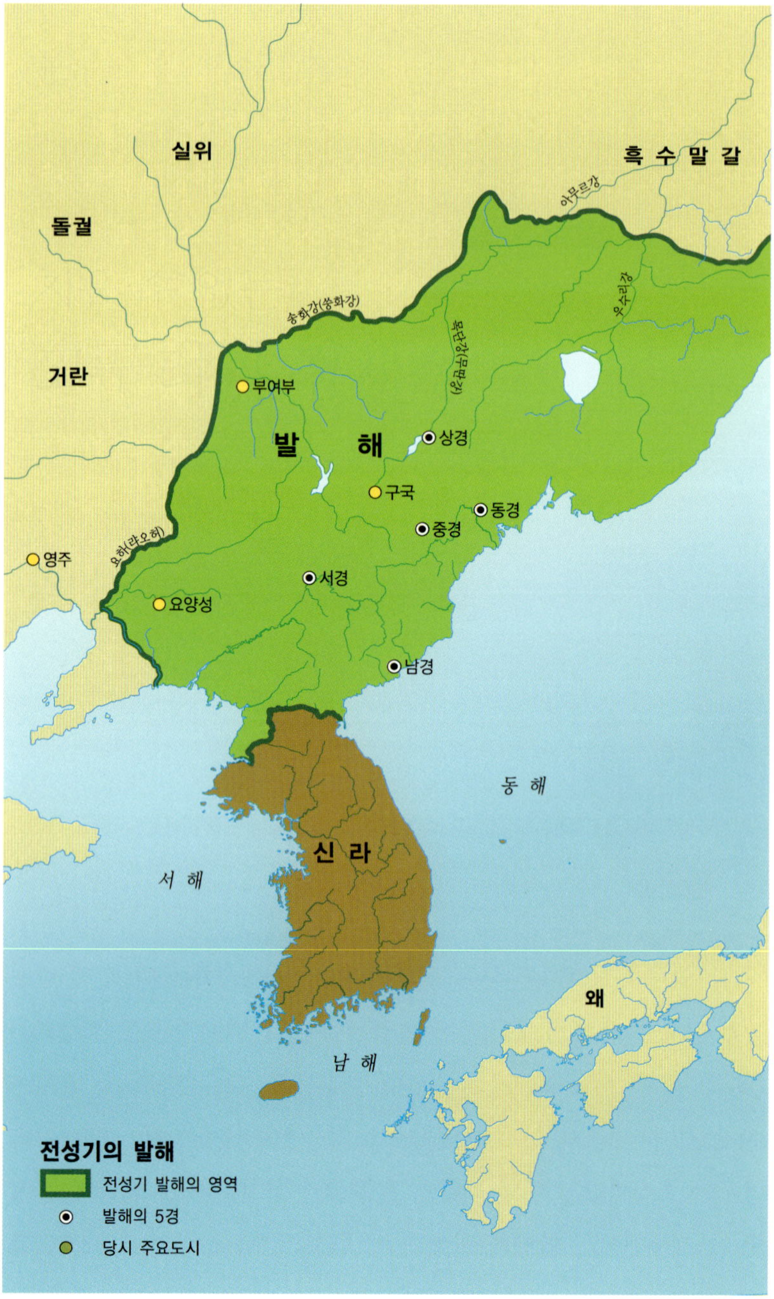
실위
흑수말갈
돌궐
아무르강
송화강(쑹화강)
목단강(무단강)
우수리강
거란
부여부
발 해
상경
구국
동경
중경
영주
요하(랴오허)
서경
요양성
남경
동 해
신 라
서 해
왜
남 해
전성기의 발해
전성기 발해의 영역
발해의 5경
당시 주요도시

전성기의 발해

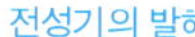

하여 이름 지어진 징뽀호는 그 신비와 경치로 인하여 늘 가보고픈 동경의 대상이었다. 그런데 막상 가보니 고즈넉한 황성터만이 우거진 숲 속에 파묻혀 발해의 옛 영광을 알릴랑 말랑 할 뿐이었다. 그러나 징뽀호의 폭포며, 괴암이며, 거울같이 맑디맑은 물만은 마냥 천고의 불변을 간직이나 한 듯 여전히 의젓했다. 정말로 발해의 '으뜸 명승지'다웠다.

지금도 기억에 생생히 남아 있는 것은 우물이나 사진관, 식당 등에 '고구려'나 '발해'란 이름이 뒤섞여 있었다는 사실이다. 고구려땅이 아니었는데도 '고구려'란 이름이 지금까지 그토록 쓰이고 있는 것은 현지인들의 말을 빌리면 고구려와 발해는 '그것이 그것'이기 때문이었다. 이를테면, 발해는 고구려를 이은 나라란 뜻이다. 발해의 정체성을 압축한 말이다.

그 발해, 우리 겨레의 역사에서 가장 컸던 나라지만, 아이러니하게도 우리가 가장 조금 알고 있는 나라다. 발해가 통일신라에 비해 수명은 30년쯤 짧지만, 그 크기는 4~5배에 달하는데도, 발해에 관한 우리의 지식은 통일신라의 그것에 비해 40~50분의 1도 채 안 되니 하는 소리다. 일찍이 조선 후기 실학자인 박제가(朴濟家, 1750~1805)는 "우리나라 선비들이 신라 9주 안에서 태어나 그 바깥의 일에 대해서는 눈과 귀를 틀어막아버리니…… 어찌 발해의 역사를 알 수 있겠는가" 하고 개탄한 바 있다. 이것은 부끄러운 일이거니와 그 무지와 무시가 마침내 천여 년을 넘어선 오늘에 와서 그 참역사가 송두리째 말소될 위기를 자초하고야 말았으니, 참으로 비탄스러운 일이 아닐 수 없다.

그렇게 된 데는 발해인들 스스로가 남긴 기록이 없다든가, 그들의 활동지역이 오늘 우리가 살고 있는 곳과는 달랐다든가 하는 탓도 없지는 않지만, 그보다 더 중요한 원인은 발해에 대한 우리의 편단이나 도외시였다. 『삼국사기』는 신라중심주의 편견에 젖어 발해사를 아예 무시해버렸다. 이것은 신라에 의한 삼국통일의 불완전성이 낳은 후과이기도 하다. 신라의 삼국통일은 민족국가 형성의 기반을 마련했다는 데는 일정한 역사적 의미가 있지만, 그것이 우리의 또 하나의 민족국가인 북방의 발해까지 아우르는 완전한 통일로 이어지지 못했을 뿐만 아니라 남북국가 분립시대를 연 계기가 되었다는 것은 이른바 '일통삼한(一統三韓)'의 내재적 한계성이며, 우리 겨레가 두고두고 반추해야 할 뼈저린 역사적 교훈이다. 그것이 아니었던들, 발해는 우리 역사의 주류에서 밀려나지 않았을 것이며, 발해의 기나긴 수난에 허무한 빌미도 제공되지 않았을 것이다.

발해와 통일신라는 똑같이 7세기 후반부터 10세기 전반까지 대동강과 원산만을 사이에 두고 국경을 접한 우리 민족의 두 역사주체였다. 그들 사이에는 운명공동체 의식에 바탕한 친선과 교류 관계가 있었지만, 무모한 경쟁과 대립 관계도 있었다. 발해의 건국자 대조영(大祚榮)은 건국 2년 만에 신라에 사신을 보냈고, 신라도 원성왕과 헌덕왕 때 발해에 사신을 파견했으며, 거란의 공격에 직면한 발해가 원군을 요청하자 신라는 이에 기꺼이 응하기도 하였다. 그런가 하면 발해의 동경용원부(東京龍原府, 현 훈츈琿春)에서 신라의 국경도시 천정군(泉井郡, 현 함경남도 덕원) 사이에는 39개 역을 걸치는 '신라도(新羅道)'가 개척되어 두 나라 간에는 상당한 교류와 내왕이 있었다.

그러나 이에 반해, 신라는 대조영에게 고작 5품인 대아찬(大阿湌)이란 관등을 주고 나서는 얼마 후 당과 발해 간에 전쟁이 일어나자

당의 요청에 따라 발해의 남쪽 국경을 공격하다가 고배를 마신다. 그런가 하면 두 나라는 당의 농간에 휘말려 서로가 티격태격한다. 당에 간 발해사신이 신라사신보다 윗자리에 앉을 것을 요청하다가 거절당한 '쟁장(爭長)사건', 당에서 실시한 과거시험인 빈과(賓科)에 신라의 최언위(崔彦撝)가 발해의 오광찬(烏光贊)보다 등제석차가 앞서자 당에 사신으로 간 오광찬의 아버지 오소도(烏炤度)가 아들의 석차를 올려달라고 청하다가 역시 거절당한 '등제서열사건' 따위가 바로 그러한 실례다. 최치원(崔致遠) 같은 대문호도 오소도가 신라인을 제치고 장원에 급제했다는 소식을 듣고는 그를 '쭉정이'이와 '술 찌꺼기'에 비유하는 배타적 옹졸함을 보이기도 했다.

그러나 민족사에 점철된 이러한 오점은 일군의 선현들에 의해 즉각 적출됨으로써 우리의 하나 된 민족사는 살아 숨 쉬고 있었다. 고려시대의 『삼국유사』나 『제왕운기』에서는 소략하나마 발해의 건국과정과 해동성국의 모습을 전하고 있으며, 조선시대의 『규원사화(揆園史話)』는 발해유민이 고려에서 썼다는 『진역유기(震域遺記)』(지금은 소실됨)란 역사서를 소개하고 있다. 특히 조선 후기에 이르러 실학자 유득공(柳得恭)은 1784년에 쓴 『발해고(渤海考)』 서문에서 신라와 발해를 '남북국'이라고 서술함으로써 삼국시대에 이어 '남북국시대'를 우리 역사에 처음으로 설정했다. 다산 정약용도 그의 『아방강역고(我邦彊域考)』와 『발해속고(渤海續考)』에서 발해를 우리 민족사의 구성원으로 자리매김한다. 바야흐로 민족사는 제 곬으로 흐르기 시작한다.

발해를 우리 역사의 일부로 봐야 함을 역설한 유득공의 『발해고』

그러나 뜻밖에도 일제의 역사강점기가 도래하면서 이 흐름은 추하게 오염된다. 일제 관변사학자들이 주창한 이른바 '만선사관(滿鮮史觀)'의 올가미에 걸려 발해사는 고구려사와 더불어 만주사의 일부로 변조된다. 게다가 하야시 타이스께(林泰輔)의 『죠오센시(朝鮮史)』에서 비롯된 신라의 '삼국통일론'에 가려 발해사는 우리의 정통 민족사에서 자꾸만 멀어져갔다. 고구려와 백제를 통일한 신라가 있는데, 어찌 다시 고구려를 계승한 발해가 있단 말인가 하는 그럴싸한 강변이다. 발해가 당한 이중·삼중의 수난이다. 오늘날까지도 발해사를 '요동사'의 일환으로 보아야 한다는 등 그 수난의 여파는 종시 사그라지지 않고 있다.

그러나 이러한 수난 속에서도 일제의 강권사관에 맞서 우리 민족사

144

의 정통과 민족정기를 지키려는 양식 있는 지성들이 있었으니, 그네들이 바로 민족주의 사학자들이었다. 신채호의 『조선상고사』와 박은식의 『발해사』, 장도빈(張道斌)의 『국사』, 권덕규(權悳奎)의 『조선유기(朝鮮留記)』 같은 일련의 민족사학 저서들에는 그러한 지향과 기상이 한결같이 돋보인다. 신채호는 신라중심의 역사인식을 부여와 고구려, 발해로도 확대해야 한다고 주장했고, 박은식은 고구려와 발해의 옛 땅을 찾아다니면서 망국의 설움을 국사 연구로 달랬다. 장도빈과 권덕규는 신라와 발해를 각각 '남북국'과 '남북조'로 구분하면서 남북방 민족사의 정통성과 통일성을 강조했다.

대쪽으로 엮어낸 선학들의 민족사는 후학들의 훌륭한 귀감이 되었다. 광복 후 남북한에서는 선학들의 이러한 민족사학 정신을 이어받아 고조선으로부터 고구려로, 다시 발해로 이어진 우리 겨레의 정통 북방사를 복원하는 연구가 계속되어왔다. 비록 그 메아리가 아직 크지는 않지만, 그 성과는 자못 다부지다. 지난 한 세기 동안 남북한에서 발표된 관련 논저만도 600여 편에 달하는데, 그 절반 이상은 주변국의 발해사 왜곡에 대응하기 위해 1990년대 이후에 저술된 것이다.

발해에 관해 중국은 당나라 변방의 소수민족인 말갈(鞨鞨)이 세운 지방정권이라고 주장하며, 러시아는 당나라와는 무관하게 말갈족이 세운 극동의 첫 독립국가라고 하면서 은근히 영유욕을 내비친다. 일본 학계에서는 독립국가이기는 하나 지배층은 고구려 유민이며 피지배층은 말갈족이라는 이중구조설이 주류를 이룬다. 지금까지 이 이중구조설이 우리네 일부 교재에까지 반영된 것은 일본 학계의 영향과 무관하지 않다고 생각된다.

특히 중국은 이른바 '통일적 다민족국가론'이란 이론적 지침하에

1970년대부터 발해가 당나라에 신속된 지방정권이라는 데 초점을 맞추어 본격적인 정지작업을 해오다가 드디어 2002년에 시작된 관변 주도의 '동북공정'을 통해 일단 낙착을 보려고 안간힘을 다 쓰고 있다. 그 일환으로 발해 유적지에 철의 장막을 쳐놓고 외부인, 특히 한국인들의 접근을 원천적으로 차단하고 있다. 장막 뒤에서 발해유적의 유네스코 단독 등재 같은 발해사의 완전 변조를 꾀하는 모종의 계략이 꾸며지고 있으리라는 것은 불 보듯 뻔하다. 발해는 또 한 번의 현대판 수난을 겪고 있다. 그러나 단언컨대, 역사는 인위적으로 장막을 쳐놓고 가린다고 해서 가려지는 법이 없다.

우리의 해동성국 발해는 오늘날까지도 그 수난의 역사를 멈추지 않고 있다. 그러나 이 치욕의 역사를 더 이상 연장시킬 수는 없다. 이젠 종지부를 찍어야 한다. 우리는 역사에서 교훈을 찾고 귀감을 얻어 발해사의 정체성과 정통성을 오롯하게 밝혀냄으로써 왜곡과 변조를 막아내야 한다. 우리에게는 흙탕을 헤집고 솟아 흐르는 샘물처럼 수난을 극복하는 슬기와 용기가 있다.

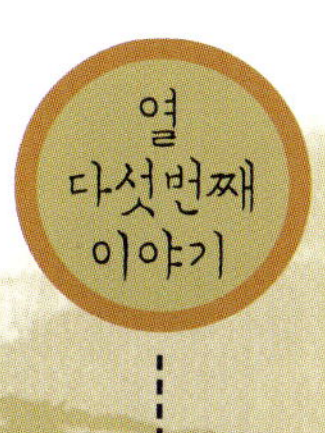

변조될 수 없는
발해의 정체성

앞서 말했듯, 중국이 고구려에 이어 발해까지도 자국의 영토에 편입시켜, 발해사를 변방의 한 소수민족이 세운 지방정권의 역사로 변조하려는 어마어마한 '공정'이 지금 막 장막 뒤에서 시공 중에 있다. 조만간 장막이 걷히면서 발해유적의 유네스코 단독 등재 같은 그 '변조'가 가시화될 것이다. 그때면 우리는 고구려 문화유산 등재에서 당한 '반판승'보다도 더 참혹한 완패를 당하게 될 것이다. 우리는 지금

우리의 역사 정통을 지키느냐 마느냐 하는 절체
절명의 위기에 직면해 있다. 출구는 오직 하나,
지켜내는 일뿐이다. 그러자면 무엇보다 중요한
것은 우리의 민족사 정통에 뿌리박은 발해의 정
체성을 명백히 가려내는 일이다. 그 정체성이란
한마디로 발해가 고구려를 계승한 우리 민족의
정통 주권국가라는 것이다.

　이러한 계승성은 발해의 건국과정이나 차지한
영토와 종족 구성, 그리고 전통적 생활문화 등
여러 방면에서 여실히 입증되고 있다. 발해 건국
의 역사적 뿌리는 고구려의 부흥운동이다. 당나
라가 무력으로 고구려를 굴복시켰지만, 고구려
인들은 녹록하게 그 지배를 감수하지는 않았다.

발해의 웅장한 기상을 상징하
는 석등 ● 높이 6m / 발해 수도
상경성 절터에서 출토.

그들은 나라가 망한 지 2년도 채 되기 전에 한성(漢城, 현 황해도 재령載
寧)에 모여 검모잠(劍牟岑)과 안승(安勝)의 지휘하에 부흥의 깃발을
높이 추켜들고 신라와 연합군을 결성해 랴오뚱반도에서 당군과 일전
을 벌였다. 이러한 운동을 무마하기 위해 당으로부터 랴오뚱 지역에
파견된 고구려의 마지막 왕 보장왕(寶藏王)은 오히려 고구려인과 말
갈인들을 끌어 모아 부흥운동을 앞장서 이끌었다. 이렇게 되자 당은
한성의 고구려부흥군을 무력으로 진압하고 안승 세력을 신라 땅으로
몰아내고는 보장왕을 붙잡아 중국 서남부로 유배시키고 아들들은 장
안에 유폐시켰다. 그러나 부흥운동은 멈추지 않고 계속되었다. 고구
려의 서변 영주(營州)에 끌려갔던 고구려장군 대조영은 말갈인들과
함께 반란을 일으킨 뒤 대릉하(大凌河)를 건너 추격해 오는 당군을

148

천문령(天文嶺)에서 물리치고 동모산(東牟山)에 이르러 698년에 나라를 세웠다. 위세를 크게 떨친다는 뜻에서 나라 이름을 진국(震國, 혹은 振國)이라고 지었다가 15년 후에 발해(渤海)로 개명했다. 이렇게 발해는 고구려 유민들이 30년간 벌인 피어린 부흥운동에 의해 비로소 건국의 기틀을 마련했던 것이다.

발해가 차지한 영토나 그 족속에서도 고구려로부터의 엄연한 계승성을 확인할 수 있다. 발해 2대왕 무왕(武王)은 일본에 보낸 국서에서 발해는 "고구려의 옛 영토를 회복하고 부여에서 전해 내려온 풍속을 간직하고 있다"라며 고구려의 후계임을 자임한다. 발해는 한반도를 비롯한 고구려의 옛 땅 대부분을 망라하고, 그 기초 위에서 영토를 통일신라의 4~5배로 확대해 명실상부한 해동성국(海東盛國)을

이루었다. 이 영토 내에 있는 종족이 과연 고구려 종족을 계승했는가 하는 족속문제가 발해의 정체성 시비에서 가장 논란이 많은 문제다. 그것은 문헌의 해석과 족속계통 및 사회구성원에 관한 이해가 크게 엇갈리기 때문이다. 『구당서』에 나오는 대조영의 '고려별종(高麗別種)'이란 말을 중국 측은 '고려(고구려)와는 다른 종족'이라고 해석하는데, 이것은 그야말로 견강부회적인 억설이다. 어법상에서 '~와 다른 종족'이라고 할 때는 이렇게 표현할 수가 없다. 그 정확한 해석은 '고구려의 다른 한 종'이란 뜻이다. 기타 여러 사적에 나오는 '별종'의 실례들은 내용이나 어법에서 중국 측의 억설을 일축하고 있다.

이와 더불어 일본 학계에서는 당나라에 유학한 일본 승려 스가하라 미찌자네(管原道眞)가 펴낸 『루이쥬꼬꾸시(類聚國史)』란 책에서 별다른 뚜렷한 증거도 없이 발해의 지배층은 고구려인이고 (피지배) 주민은 말갈인이라고 말한 기록을 근거로 하여 발해의 '이중종족론'을

북한 함경남도 신포시 오매리 절골 유적에서 발견된 금동판 ● 이 유적의 맨 아래층은 고구려 문화층이고 위의 둘은 발해 문화층인 데다가, 금동판의 내용 역시 고구려와 발해의 연관성을 강하게 보여주고 있다.

150

주장한다. 안타깝게도 이러한 주장이 중국은 물론, 우리나라 학계에도 영향을 미치고 있다. 그러나 유득공이 『발해고』에서 밝힌 바와 같이, 외국에 파견된 사절단을 비롯한 상층에도 말갈인들이 적잖게 기용되고 있었다는 사실을 감안하면, 이 '이중종족론'은 설자리가 없게 된다.

총체적으로 볼 때, 발해의 종족은 고조선과 고구려를 구성하고 있던 예맥·부여 계통의 고구려인이라고 말할 수 있다. 다만 거론되는 말갈인이란 어떤 특정 종족을 지칭하는 것이 아니라, 쑹화강(松花江) 유역의 속말(粟末)말갈이니, 백두산 지역의 백산(白山)말갈이니 하는 것과 같이 지역에 따라 주민 일반을 가리키는 중국 측의 비칭(卑稱)인 것이다. 쑨진지 같은 중국 학자도 말갈은 어떤 민족이나 종족도 아닌 예맥이나 숙신(肅愼), 고아시아의 3개 종족으로 이루어진 일부 부락군이나 부락연맹 같은 것이라고 하여 말갈의 종족성을 부정하고 있다. 따라서 중국이 말하는 것처럼 발해는 말갈인들이 세운 지방정권이 아니라, 고구려의 후예들이 세운 고구려의 당당한 계승국인 것이다.

발해의 고구려 계승성을 가장 뚜렷이 보여주는 것은 발해인들의 생활문화다. 인간집단의 생활문화는 장시간의 답습과 축적 등 전승을 통해서만 이루어지는 법이다. 전승 없이 어느 순간에 급조되지는 않는다. 발해의 '풍속은 고구려나 거란과 같다'는 『구당서』의 기록으로 미루어서도 발해가 고구려의 생활문화를 이어받았음은 의문이 여지가 없다. 어느 민족에게나 보수성이 가장 강한 것이 장례법과 무덤양식인데, 두 나라는 똑같이 돌방무덤을 주로 쓰고 있다. 그리고 우리만의 독특한 주거문화인 온돌도 두 나라가 신통히 공유하고 있다. 기

타 도기나 막새기와, 성채 등의 유물에서도 고구려풍을 짙게 느낄 수 있다.

그 옛날 발해의 민족적 얼은 농경문화에서도 여실히 나타나고 있다. 『신당서』는 쌀이 발해의 한 주(州)인 노주(盧州)의 특산물이라고 전하고 있다. 비옥한 노주는 중경현덕부에 속한 주로서 서고성(西古城)이나 연길분지(延吉盆地)라고도 한다. 북위 43도의 북방에서 쌀이 생산된다는 것은 놀라운 일이 아닐 수 없다. 이것은 아마 당시 북방의 온난화가 일어나 가능했을 것이다. 그때까지만 해도 쌀은 동이족 가운데서 우리 한민족만의 전유물이었으며, 고려시대까지도 물가의 기준이 될 정도로 귀중품이었다. 노주의 쌀은 질이 좋아 나라에 바치는 공미였으며, 명나라 때는 이곳이 황제의 식량생산지인 황량구(皇糧區)로 지정되기도 했다. 지난 1960년대부터는 특별미로 뻬이징에 반출되어 마오 쩌뚱 주석의 밥상에 올랐으며, 1970년대부터는

152

국가가 특별관리하고 있다고 한다. 그래서 그곳 사람들은 쌀밥을 '왕
밥'이라고 한다. 발해인과 더불어 우리는 '왕밥민족'인 셈이다.

또 한 가지 흥미로운 것은 발해에도 원삼국시대의 것과 비슷한 암
각문자가 있었다는 사실이다. 조선시대의 이맥(李陌, 1455~1528)이 쓴
『태백일사(太白逸史)』에 보면, 발해의 징뽀호 부근 암벽에 경남 남해
의 금산 암벽에 새겨진 암각문과 비슷한 글자가 새겨져 있는데, 다
같이 무슨 글자인지는 알아내지 못했다고 한다. 지금까지 발굴된 400
여 개의 기와에서 한자가 섞인 문자 150여 자를 발견했는데, 그중에
는 해독할 수 없는 '발해문자'가 여러 개 있어 앞에 말한 금산 암각문
자와의 관련성이 주목된다. 언어와 문자는 한 민족의 정체성을 가늠

하는 중요한 징표의 하나다.

거란(요나라)에게 멸망된 후, 발해땅에는 거란의 동쪽 나라란 뜻의 동단국(東丹國)이 세워져 발해인들 중 일부는 거란화되어 후일 만주족의 조상이 되고, 일부는 고려에 이주하여 고려의 발해 계승역을 담당했다. 북한에는 물론 남한에도 그 후예들이 살고 있어 천 년 전 해동성국을 이룬 발해와 오늘을 살아가는 우리 간의 혈연적 유대를 실감케 한다. 예를 들어, 발해의 시조 대조영은 성이 태(太)씨인데, 그 후손들인 영성 태씨 일가가 경북 경산시 남천명 송백리에서 조상의 사당을 모셔놓고 지금도 오순도순 살아가고 있다. 고려와 발해는 8년간이나 공존한다. 고려 태조 왕건은 발해를 '친선의 나라'라고 부르면서, 맹약을 어기고 발해를 멸망시킨 거란이 사신과 낙타 50마리를 보내오자 사신은 섬에 유배시키고 낙타는 굶어죽게 한다. 이것은 발해에서 고려로 이어지는 역사전통을 계승하려는 왕건의 의지의 표시인 것이다.

154

　발해의 고구려 계승성은 당시 외국에서도 널리 인정되고 있었다. 일본은 발해에 보내는 사신을 으레 '고려사(高麗使)'라고 칭했다. 그리고 프랑스의 동양학자 뻴리오(P. Pelliot)가 지난 세기 초 중국 뚠황(敦煌)에서 발견한 『뚠황문서』에서는 발해를 옛 고구려를 지칭하던 돌궐어 '므클리(Mkli)'나 '묵릭(Mug-lig)'으로 부르고 있다. '므클리'나 '묵릭'은 고구려의 족속인 맥(貊, 예맥)에서 연유한 말이다. 이것은 돌궐을 비롯한 내륙아시아인들이 발해를 고구려의 후계로, 내지는 같은 국가로 알고 있었음을 시사해준다. 중국 동북지방이나 네이멍꾸 일대의 여러 발해 유적에 고구려 이름이 붙어 있는 것도 같은 맥락에서 이해된다.

　발해의 정체성을 말살하려는 시도는 지각 있는 중국인들 자신에 의해서도 이미 지탄을 받은 바가 있다. 40년 전, 머잖아 있을 역사분쟁을 예감한 져우 언라이(周恩來) 전 총리는 역대 중국의 대국적 배타주의를 사과하면서 발해가 우리의 옛 땅이었음을 확언한 바 있다. 우리가 연구를 심화시키고 변조 아닌 진실로 접근한다면, 발해가 고구려의 당당한 계승국이며 우리의 정통 역사의 한 부분이라는 정체성은 더 확연하게 밝혀질 것이다.

세계와 사통팔달한
발해

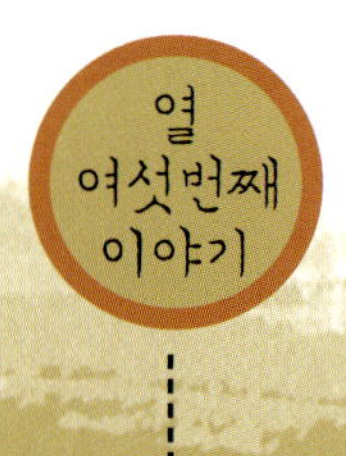

발해는 동방의 강대국답게 튼튼한 국가체제에 기반하여 5대 교통로
를 통해 세계와 사통팔달함으로써 주권국가로서의 국제성을 확보하
고 있었다. 중국 장안에 버금가는 수도를 가진 대제국 발해를 누구에
게 얽매인 변방의 한 소수민족 정권이라고 주장하는 것은 용서 못할
역사의 변조이고 왜곡이다. 발해의 국제성은 우리 민족사의 정통 계
승국으로서, 당대 동아시아 국제정세를 움직이는 한 주역으로서 응

분의 국제적 대응과 교류를 진행한 데서 여실히 나타나고 있다.

발해는 건국에서 멸망(698~926)에 이르기까지 228년간 15대를 이어나간 중앙집권적 왕조로서 독자적인 국가운영체제를 갖춘 독립국가였다. 1대인 고왕(高王) 대조영이 나라의 기틀을 마련한 뒤, 2대 무왕(武王)은 그 이름에 걸맞게 정복활동을 벌여 영토를 크게 넓혔으며, 그의 뒤를 이은 문왕(文王)은 발해 전체 역사의 4분의 1에 해당하는 57년간이나 나라를 다스리면서 내치에 힘을 모아 각종 제도를 정비하고 국력을 크게 신장시켰다. 그 후 4대부터 9대까지 25년 동안 6명의 왕이 교체되는 일시적 내분기를 겪고 나서는 10대 선왕(宣王)에 이르러 다시 왕권이 강화되고 대외 정복활동을 마무리하여 9세기 전반에 최대 판도를 확보함으로써 다시 중흥을 맞이했다. 사방 5,000리를 아우른 국토면적은 한반도 전체 면적의 2.2~2.8배에 달하는 50~63만km²나 되었다. 그러자 당나라는 '울며 겨자 먹기'로 발해를 해동성국, 즉 바다 동쪽의 융성한 독립강국으로 인정하지 않을 수 없었다. 이러한 융성은 14대까지 이어져오다가 15대에 와서 거란의 내침으로 마감되고 만다. 그러나 랴오뚱반도에 끌려간 발해유민들은 '후발해국'이니 '대발해국'이니 하는 이름의 후계국들을 세워 근 200년 동안이나 끈질기게 부흥운동을 벌였다. 부흥운동을 일으킨 사람들 대부분은 후일 고려로 망명해 발해의 역사적 정통성을 고스란히 고려에 넘겨주었다.

발해의 행정체계를 보면, 중앙정부기구는 대체로 당(唐)의 3성 6부 9시제를 본받기는 했으나, 나름대로 개편하고 이름도 달리하여 3성 6부 1대 7시 1원 1감제로 운영하였다. 3성 가운데 행정실무기관인 중대성(中臺省)을 중심으로 하는 운영체제는 3성의 균형과 견제를 기저로 한 당나라의 운영체제와는 다르나, 통일신라 하대에 3성 중 집사성(執事省)에, 그리고 고려 때 중서문하성(中書門下省)에 권력이 집중된 것과 비슷해, 그 상관성이 주목된다. 지방행정기관으로는 부·주·현을 두어 각각 도독·자사·현승 등 지방관이 관장하도록 했다. 이같은 국가행정체계는 당나라의 그것과 대등한 것으로서 결코 당의 지방행정체제라고는 볼 수 없다. 그리고 발해의 건국과 영토확장 및 중흥의 주요 역군은 건국 초기부터 고구려의 상무기풍을 물려받은 40만 강군이다. 이것은 8세기 전반 49만을 헤아리는 당나라의 군사력과 막상막하였다. '발해인 셋이면 호랑이 한 마리를 당해낸다'

‘풍속에 말 타기와 사냥을 즐긴다’는 사적의 기록은 무예를 숭상하는 발해인들의 용감한 기상을 전해준다.

이렇게 정연한 국가체제와 강력한 군사력을 가진 발해는 시종 당나라와는 나라 대 나라의 국가관계 차원에서 영활한 화(和) · 전(戰) 양면의 전략·전술로 응수해나갔다. 발해는 건국 초기부터 당에 공동으로 대처하기 위해 해(奚) · 습(霫) · 거란 등 가까운 나라들과 동맹을 맺고, 전대인 고구려와 마찬가지로 ‘원교근공(遠交近攻)’정책의 일환으로 멀리 서쪽으로 이동한 돌궐에 사신을 파견하기도 했다. 이에 위압을 느낀 당나라 중종(中宗)은 705년 특사를 보내 과거 고구려와 그 유민들에 대한 잘못을 사과하고 발해의 건국을 축하하는 한편 수교를 제안한다. 능수능란한 무왕은 둘째아들을 당에 숙위(宿衛)로 보내 그 제안을 수락한다.

이 대목에서 분명하게 인식해야 할 점은 발해가 당에 숙위를 보냈다거나, 당이 주제넘게 발해왕을 ‘홀한주도독(忽汗州都督)’으로 책봉했다거나, 조공이 오갔다든가 한 것은 여느 나라들과 마찬가지로 두 나라의 의례적인 외교관례나 관변무역일 뿐, 중앙과 지방 간의 어떤 신속관계는 아니었다는 사실이다. 『신당서』가 전하는 바와 같이 발해는 줄곧 자신들의 연호를 사용했으며, 시호도 스스로 만들어 썼다. 문왕의 넷째딸인 정효(貞孝)공주 무덤에서 발견된 묘지명에선 왕을 ‘황상(皇上)’이라고 부를 정도로 발해는 중국과 동격의 황제국이었다. 이러한 발해이기에 침해를 당할 때는 단호하게 주권을 행사한다. 북방의 흑수(黑水)말갈이 당에 빌붙어 압박해오자 발해는 723년 대장군 장문휴(張文休)가 이끄는 수군 정예 2만을 보내 속전속결로 산뚱(山東)반도의 등주(登州)를 공략한다. 자신만만한 국력시위였다.

우리 역사에 전무후무한 대외 선제공격의 일례다.

발해의 당당한 국제성은 이러한 자주적인 국가권력 행사와 더불어 상경(上京)을 시발점으로 하여 동서남북으로 뻗은 다섯 갈래의 국제교통망을 통해 진행된 교류와, 그 결과로 이루어진 문화의 융합상에서도 두드러지게 나타난다. 이 5대 국제통로는 상경에서 부여부(夫餘府, 현 지린吉林)를 거쳐 거란으로 가는 거란도, 영주(營州, 현 쟈오양朝陽)를 거쳐 중원으로 이어지는 영주도, 압록강을 타고 샨뚱반도로 들어가는 압록도(일명 조공도), 동경과 남경을 거쳐 신라까지 연결되는 신라도, 동경에서 동해를 건너 일본으로 가는 일본도이다.

이 5도를 통한 일본과의 교류는 그 대표적 일례다. 신라와의 관계에 신경을 쓰던 일본은 발해의 동태를 알아보기 위해 720년에 자진해 사신을 파견한다. 발해는 아랑곳하지 않다가 당과 흑수말갈, 신라 간의 밀착이 엿보이자 군사적 동맹 여부를 타진하기 위해 727년에 무관 출신의 사신을 보내 국교를 맺는다. 그 후 양국관계는 신속하게 발전하는데, 전기에는 주로 군사외교이나, 후기에 와서는 경제·문화 교류가 주류를 이루면서 일본에 대한 발해의 문화적 영향이 커진다. 『쇼꾸니혼기(續日本紀)』를 비롯한 일본 사적의 기록과 일본에서 발견된 '발해사 목간(渤海使木簡)'이나 '견(遣)고려사 목간' 등의 유물이 증언하다시피 두 나라 간에는 11회의 사신교환이 있었으며, 문물 교류도 상당히 빈번했음을 알 수 있다. 발해는 주로 모피와 삼 등 토산품과 중국으로부터 수입한 서책을, 일본은 견직물과 종이 등 생활 필수품을 교환하였다. 871년 일본에 간 발해사신들이 첫날 관무역에서 얻은 이익만도 일본화폐로 40만 냥, 요즘 돈으로 환산하면 6억 6천만 엔이나 된다고 하니, 그 규모를 가히 짐작할 수 있다. 발해사신

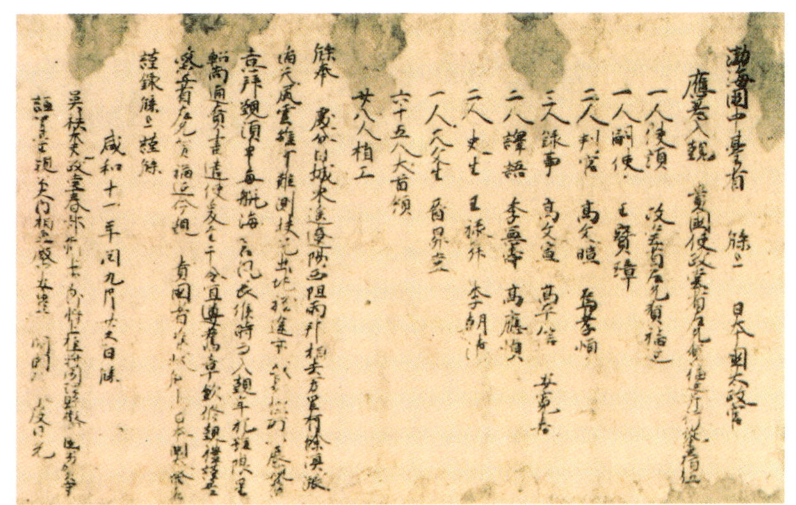

들은 일본 문인들과 작시를 주고받는데, 오늘까지 남아 있는 발해 한시 10수 중 「밤에 다듬이 소리를 들으며」 같은 9수는 이 발해사신들이 지은 것이다. 발해악이 일본 궁중음악의 하나로 된 것도 이 무렵이다.

발해문화는 당문화를 비롯한 여러 문화를 받아들여 융화시킨 독특한 복합문화다. 무덤양식에서도 고구려를 계승한 돌무덤 위주지만 당의 벽돌무덤이나 말갈의 흙무덤도 받아들였다. 당삼채(唐三彩)를 본받아 삼채도기를 구워냈으며, 금 알갱이를 촘촘히 박는 서역의 누금기법(縷金技法)으로 정교한 금속장식품들을 만들기도 했다. 그런가 하면 발해 특유의 문화상도 역력히 나타나고 있다. 몇 사람의 뒤를 따라 여러 명이 빙빙 돌면서 노래하고 춤추는 답추(踏鎚)춤이나, 연꽃잎무늬에서 삼국은 8개 잎을 기본으로 하는데 비해 발해는 6개 잎으로 꾸미는 기법이나, 여러 명을 합장하고 그 무덤 위에 건물을 짓는 건축술 등은 발해만의 창의적 문화다.

발해의 유물 중에는 몇 가지 주목을 끄는 것이 있다. 연해주의 옛 발해성인 노브고르데예프까성 밖 취락지에서 은화 한 점이 발견되었는데, 앞면에 왕관과 함께 '부하라의 군주 짜르'란 소그드문자가 새겨져 있는 점으로 미루어 중앙아시아의 소그드 은화임이 확실하다. 교역수단인 이 은화는 북방 씰크로드의 초원로와 연결되는 거란도(일명 '담비의 길')를 따라 발해까지 유입된 것으로서 수만 리 떨어진 두 지역 간에 교역이 진행되었음을 시사한다.

또 한 가지 신기한 것은 불교와 고대 동방기독교 간의 융합 모습을 보여주는 유물들의 발견이다. 발해의 솔빈부(현 러시아 연해주) 아브리코스 절터에서 십자가가 발견되고, 동경용원부(현 훈춘)에서는 삼존불의 협시보살이 십자가를 목에 걸고 있는 상이 출토되었다. 그 밖에 발해의 서변에 자리한 푸순(撫順)에서도 수백 점의 십자가가 발견되었다. 그런가 하면 신라의 경주에서도 돌십자가와 성모 마리아상이 발견되었다. 이것은 7세기 중엽 중국에 들어와 약 250년 동안 성행한 고대 동방기독교의 일파인 네스토리우스파(Nestorianism, 경교景敎)가 9세기 전반 탄압을 받고 축출될 때, 발해땅에 파급되었기 때문으로 보인다. 중국에서도 경교는 불교와 습합하는 방법으로 전파를 시도하였으니, 그 맥락에서 보면 발해에서 두 종교가 융합한 것

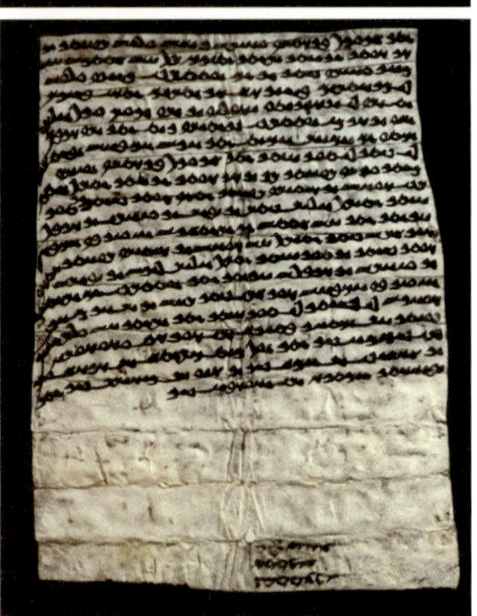

동경용원부에서 출토된 삼존불의 협시보살이 목에 십자가를 걸고 있다

162

은 가히 이해가 될 것이다. 배타가 아닌 어울림의 문화를 꽃피운 발해인들의 슬기가 돋보이는 대목이다.

이렇게 발해는 완비된 국가체제와 주권국가로서의 확고한 국제성을 지니고 사통팔달한 국제교통망을 통해 세계와 교류하고 문화를 주고받은 대제국이었다. 이러한 발해를 아예 국가로 인정하지 않고 지방정권 운운하는 것은 역사에 대한 용서 못할 거역이고 오만이며, 발해사를 정통민족사로 간직하고 있는 우리 겨레에 대한 야멸친 멸시다.

고대 황금문화의 꽃,
신라 금관

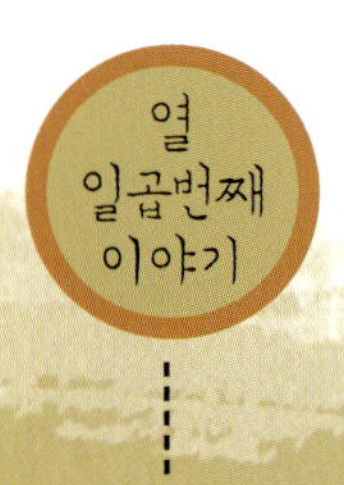

지금으로부터 약 80년 전인 1921년 9월 어느 날, 경주 노동리 봉황대 주변에서 자그마한 주막을 운영하던 박씨는 장사가 무척 잘되자 주막을 늘리기로 작정하고 뒤뜰의 나지막한 언덕을 파기 시작했다. 조상 덕에 장사가 잘되는 줄로만 생각하고 있던 그에게 값어치를 매길 수 없는 뜻밖의 횡재가 찾아왔다. 고색창연한 황금색 관이 눈앞에 나타난 것이다. 그 관이 바로 1,500여 년의 긴 잠에서 깨어난 금관총(金

164

冠塚) 금관이다. 무덤의 주인이 누군지는 모르고 그저 금관이 나왔다

고 해서 '금관총'이라 불렀다.

3년 후 역시 봉황대 아래의 민가 사이에 있는 무덤을 조사하다가

두번째 금관이 발견되었다. 금관에 매달려 있는 특이한 한 쌍의 금방울을 보고 무덤 이름을 '금령총(金鈴塚)'이라 지었다. 그로부터 다시 2년이 지난 어느 날, 역시 봉황대 서편 얼마 떨어지지 않은 무덤에서 세번째 금관이 나왔다. 금관에는 봉황으로 여겨지는 새가 그려져 있었다. 당시 스웨덴 왕세자의 신분으로 아시아를 탐방하고 있던 44세의 고고학자 아돌프 구스타프 6세(현 카를 구스타프 16세 국왕의 선친)는 이 소식을 듣고 서둘러 발굴현장에 이르렀다. 그의 이 뜻 깊은 동참을 기념하기 위해 스웨덴의 한자 표기인 '서전(瑞典)'의 첫 글자와 '봉황(鳳凰)'의 첫 글자를 각각 따서 무덤을 '서봉총(瑞鳳塚)'이라 이름하였다. 아름다운 국제적 친선의 사연이다. 이것이 발굴단의 유일한 한국인 고고학도였던 '신라문화 지킴이' 석당 최남주(石堂 崔南柱, 1905~1980) 선생과의 만남의 인연이 되어 오늘날까지도 최선생 일가와 스웨덴 왕실은 끈끈한 유대를 이어가고 있다. 이렇게 금관은 원래부터 아우름의 상징이었다.

그 후 천마총(天馬塚)과 황남대총(隍南大塚) 북분에서도 금관이 속속 출토되었다. 그 밖에 도굴되었다가 압수된, 경주 교동에서 발견된 것으로 알려진 금관도 한 점 더 있다. 모두가 왕릉급 무덤에서 나온 것이어서 더욱 주목된다. 학계의 추산으로는 경주 일원에만 150여 기의 큰 무덤이 있는데, 그 중 발굴 된 것은 약 30기에 불과하니, 앞으로 또 어떤 무덤에서 얼마만큼의 금관이 더 쏟아져 나올지 아무도 장담할 수 없다. 지금까지

세계 각지에서 발견된 고대사회의 금관은 모두 합해서 10점밖에 안 된다. 그중 신라금관 6점과 가야금관 1점을, 그것도 가장 완벽한 것을 우리가 보유하고 있을 뿐만 아니라 앞으로 더 나올 것을 예견한다면, 우리나라는 문자 그대로 '금관의 나라'라고 말할 수 있다.

금관을 비롯한 황금유물이 집중적으로 출토된 곳은 신라 천 년 역사 중에서도 김알지(金閼智, 65~?)의 후예들인 김씨 마립간(麻立干, 마루한, 군왕 혹은 대수장)들이 통치하던 5~6세기의 돌무지덧널무덤〔적석목곽분 積石木槨墳〕에서다. 금관들의 장식은 서로가 좀 다르나 형태는 엇비슷하다. 형태는 크게 외관과 내관으로 구분되는데, 외관은 신비로우리만치 화려하다. 한자 '山' 자('出' 자라고도 함) 3~4개를 위에서

새 날개 ● 높이 45cm / 5~6세기 / 금관총 출토.

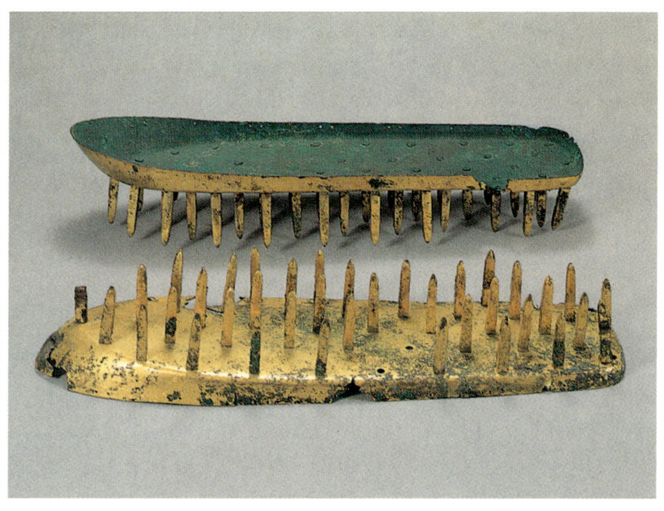

아래로 붙여놓고(세움장식) 그 좌우에 사슴뿔 모양의 장식가지를 세워
'山' 자와 함께 금관의 골격을 이룬다. 거기에 곱은옥이나 영락(瓔珞,
달개장식), 새의 날개(천마총) 같은 장식이 달려 있어 화려하기 이를 데
없으며 생동감이 넘쳐흐른다. 이러한 형태의 관을 수지녹각형(樹枝
鹿角形) 관이라고 하는데, 우리나라 주변 지역에서는 유사품을 찾아
볼 수 없다.

금관을 놓고 논란이 가장 많은 것은 용도 문제다. 어떤 학자는 외관
과 내관을 분리해서, 화려하고 장중한 외관은 공식행사용이고 내관
은 일상용이라고 주장하나, 대부분 학자들은 일괄하여 의례용인가
실용품인가, 아니면 장례용인가를 놓고 논의를 벌인다. 무게가 1킬로
그램 이상인 데다가 관테가 약하고 전체 구조도 든든하지 않아서 행
사용 예관이나 평시 신분을 알리는 위세품(威勢品) 따위의 실용품으
로는 보기 어렵다. 이에 비해 금관이 피장자의 머리만이 아니라 얼굴
전체를 감싸고 있고, 피장자의 발치에 함께 묻혀 있는 금동신발은 바

닥에 스파이크 같은 장식이 있어서 실용성은 없으며, 또 다른 부장품인 금제 허리띠도 무게가 4킬로그램이나 되는 것으로 볼 때, 금관은 장례용 부장품일 가능성이 크다.

금관 연구에서 아직까지 가장 큰 수수께끼로 남아 있는 문제가 바로 왜 갑자기 5~6세기에 이러한 찬란한 황금문화가 나타나게 되었는가 하는 원류문제다. 그간 한두 학자의 연구에 의해 수수께끼의 실마리가 풀리는 성싶었으나 지금은 별 진전이 없는 형편이다. 아마 그 실마리는 출토 무덤의 묘제나 금관의 소재와 형태 및 장식품 등에서 찾아봐야 할 것이다. 금관을 구성하고 있는 각개 요소의 원류나 상관성을 훑다보면 수수께끼는 한 꺼풀씩 벗겨질 수 있을 것이다.

금관이 출토된 무덤들은 예외 없이 4세기에 나타나서 5세기에 대형화되다가 6세기 전반까지 존재한 돌무지덧널무덤이다. 이것은 지하에 무덤구덩이를 파고 상자형 나무덧널을 넣은 뒤 그 주위와 위를 돌로 덮은 다음 다시 그 바깥을 봉토로 씌우는 무덤형태다. 이런 무덤은 청동기시대의 고인돌 돌무지 전통을 이은 것으로 볼 수도 있으나, 북방문화의 유입과 더불어 전형적인 스키타이-알타이식 쿠르간(고총高塚, 높은 무덤)의 영향을 받았을 가능성이 크다. 그리고 외관 구조의 골격인 '山' 자 형태는 나무를 도안한 것이며, 내관의 속내는 자작나무 껍질로 만들었다. 자작나무는 키가 20~30m 되는 고산지대 낙엽교목으로서 시베리아와 우리나라 고산지대에도 분포되어 있다. 흔히 자작나무 껍질로 만든 모자를 백화수피모(白樺樹皮帽)라고 하는데, 이러한 모자가 흉노의 대표적 유물인 노인울라(Noin Ula) 고분군●이나 남러시아의 쿠르간에서도 발견된다. 이런 점으로 미루어 자작나무는 보통나무가 아니라 일종의 성스러운 나무로 여겨졌음이 틀

● 울란바토르 북방 약 100km, 기원전 1~기원후 1세기, 총 212기 고분.

림없다.

지금도 매해 음력 4월 보름이 되면 대관령에서는 서낭제가 치러지는데, 그것은 대관령의 서낭신을 영접하여 강릉의 여서낭신과 합배(合配)하는 제의다. 서낭제의 가장 상징적인 의례는 부정굿과 서낭굿에 이어 신수(神樹, 신령스러운 나무)를 베는 대목이다. 이와 같이 우리네 조상들도 아득한 옛날부터 나무는 땅과 하늘, 인간과 신을 연결해주는 통로, 즉 우주수(宇宙樹, cosmic tree)라고 믿어왔다. 우리의 우주수는 가지에 태양 10개를 걸 수 있을 만큼 큰 부상(扶桑)이다. 부상은 옛날 중국전설에 해가 돋는 동쪽 바다 속에 있다고 하는 상상의 큰 나무를 말한다. 우주수는 나라마다 다르다. 중국과 일본의 우주수는 소나무이고, 러시아는 참나무이며, 이집트는 무화과나무다. 이것이 바로 신수사상이다. 나무 일반이 그러하거니와, 특히 자작나무는 북방민족들이 신성시하는 나무다. 이렇게 보면 신라금관은 우리와 북방민족들의 전통문화를 잘 융합한 결과물이라고 말할 수 있다.

금관의 주요 장식의 하나인 곱은옥의 경우, 이때까지는 신라 특유의 것으로만 알고 있었기 때문에 그 의미에 관해서는 맹수의 발톱 모양이니까 사냥의 상징이라느니, 초승달 모양이므로 월신(月神)사상에서 유래되었다느니 하는 등 이견이 구구했다. 그러나 뜻밖에도 동부 알타이의 해발 1,650m에 있는 파지리크(Pazyryk)강 계곡에서 발견된 파지리크 고분군(기원전 5~3세기) 5호분의 융단 벽걸이에 새겨진 기사도(騎士圖)가 그 해답을 주고 있다. 신좌(神座)에 앉아 있는 여인으로부터 신적 권위를 하사받는 서아시아 아르메니아 인종의 한 기사가 탄 말의 가슴과 콧등에 곱은옥이 각각 한 개씩 달려 있다. 2,500년 전 알타이 지방을 방문한 아르메니아 기사가 신라 곱은옥의

비밀을 파헤쳐주고 있다. 동물의 태아 모양을 하고 있는 곱은옥은 원래 생명의 상징으로서 다산(多産)을 의미하며, 고대 그리스에서는 이 모양의 장식을 일년생 풀인 가지(eggplant)•라고 부르면서 씨를 잘 퍼뜨리는 열매로 규정하고 있다. 그리스가 고신라보다 편년상 더 이르니 신라의 곱은옥 디자인은 그리스로부터 알타이 지방을 관통하는 초원로를 통해 전해졌다고 가정해볼 만하다.

신라의 대표적 금관인 천마총 금관의 장식으로 발견된 새 날개는 하늘을 받드는 신조(神鳥)사상과 관련된 것이다. 알타이 부근의 우코크(Ukok) 고분에서 미라로 발견된 '얼음공주'의 머리에 사뿐히 앉아 있는 금제 새는 오늘날까지도 우리네 솟대(Totem Pole) 위에 앉아 있는 새를 연상케 한다. 인간들이 절대자를 향해 소원을 빌 때 새가 땅과 하늘을 연결하는 매개자 역할을 한다고 믿는 신조사상은 우리와 일본을 포함해 알타이계 민족의 보편적인 영혼관이다.

보다시피 이 모든 소재와 상징적인 장식은 금의 성산지로서 '금'이란 뜻의 알타이 지방을 중심으로 시베리아 동서를 관통한 고대 황금문화권의 공통유물들이다. 역사의 여명기를 빛나는 황금으로 장식한

●구형 또는 원통형의 열매, 채소로 재배.

그 시기는 대체로 기원전 5세기부
터 기원후 6세기까지의 근 1,000년
간을 헤아린다. 이 시기 알타이 지
방에서 발생한 황금문화는 스키타
이가 개척한 동방교역로를 통해 서
방으로는 그리스까지 전해졌으며,
알타이족을 비롯한 북방기마민족
들의 동진에 의해 신라까지 그 영
향권 내에 두었다. 남만주의 랴오
닝성(遼寧省) 일대의 유적에서
'山' 자 모양의 관을 쓴 봉황(일설엔
극락정토의 설산에서 산다는 불경 속의 가
릉빈가 새) 장식이 발견되는 점으로
미루어 3세기 이후 중국 화뻬이 지방과 남만주 일원에서 여러 나라를
세워 신라와 교류했던 선비족(鮮卑族) 집단들이 그 매개 역할을 한
것으로 짐작된다.

이 황금문화권의 동쪽 끝에서 황금문화의 전성을 구가한 신라의 금
관은 단연 그 진수이고 꽃으로서, 우리 문화의 자랑이다. 이럴진대
우리는 그 수난의 역사도 잊어서는 안 된다. 1935년 9월 평양박물관
은 이른바 '제1회 고적애호일'을 맞아 경성박물관에 소장되어 있는
서봉총 금관을 비롯한 황금유물을 대여하여 특별전을 벌였다. 전시
회를 마친 후 뒤풀이 술자리에서 일본인 관장 코이즈미 아끼오(小泉
顯夫)란 자는 이 금관을 한 기생에게 씌워놓고는 흥청망청 술판을 벌
였다. 망국으로 당하는 문화재의 수모다. 광복 후에도 1946년과 1956

년 두 차례나 금령총과 서봉총, 금관총의 금관들을 도둑맞았다. 그러나 모두가 모조품이었다. 얼마 전에는 외국 전시를 위한 보험료랍시고 금관의 가격(예컨대 금관총 금관은 400~500억 원)에 대해 이러쿵저러쿵 하는데, 이 경우라도 그 무가지보(無價之寶)의 품격에는 추호의 누가 있어서는 안 될 것이다. 그만큼 우리는 우리네 문화재를 귀중히 여기고 지켜나가야 할 것이다.

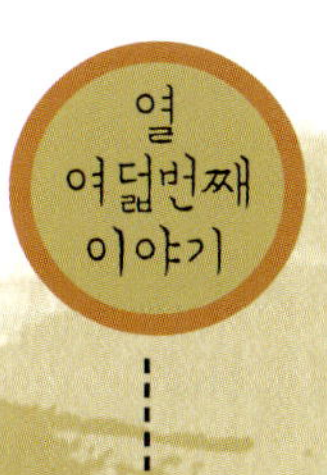

조화의 향훈을 풍기는
백제금동대향로

지금으로부터 10여 년 전(1993), 해가 저물어가는 섣달 열이틀날, 능산리 고분군(사적 14호)과 부여 나성(羅城, 사적 58호) 사이의 자그마한 계곡의 물구덩이에서 20세기에 보기 드문 고고학적 '월척'을 낚았다. 궁전에서 제례 때 쓰던 대형 향로가 발견된 것이다. 장소는 백제 때 공방에 물을 공급하기 위해 만들어놓은 큰 물통 속이었다. 아마 나라가 갑자기 무너지는 바람에 이 국보급 보물을 서둘러 눈에 띄지 않는

이곳에 감추어놓은 것 같다. 아이러니하게도 이 '예사롭지 않음' 때문
에 이 보물(국보 287호)이 1,400년 동안 고스란히 보전되어오다가 화려

176

하게 부활할 수 있었던 것이다.

흙탕물 속에서도 그 용모에 추호의 흐트러짐도 없이 발견된 이 진품 중의 진품은 백제인들이 이룬 지고의 예술세계와 숭고한 이상세계를 그대로 보여주고 있다. 지금까지 이웃 중국을 비롯해 세계 각지에서 발견된 향로의 높이는 보통 20cm 안팎인 데 비해, 이 백제 향로는 그 세 배(61.8cm, 몸통 최대지름 19cm, 무게 11.85kg)나 되며, 그 구성요소와 갈무리하고 있는 사상이나 상징성은 단연 타의 추종을 불허하고 있다. 특히 당대 동서문명의 제반 요소들을 잘 어우르고 있는 점에서는 실로 독보적이다. 바로 이 때문에 유물이 발굴된 지 10여 년이 지나서도 유물에 관한 국내외의 논의와 연구는 계속되고 있다. 그 심오한 내막을 알아내기에는 아직 역부족인 성싶다.

유물의 이름만 해도 당초 발굴단은 신선사상의 영향을 강조하여 '용봉봉래산향로(龍鳳蓬萊山香爐)'라고 이름하였으나, 불교계에서는 새겨진 연꽃무늬나 산봉우리가 수미산(須彌山)●을 연상케 한다면서 '수미산향로'로 부르자고 주장했다. 그런가 하면 중국 학자들은 맨 윗부분에 앉아 있는 새가 봉황이 아니라 백제 특산물인 긴 꼬리의 닭(天鷄)이며, 백제가 금마산(金馬山)에서 건국했다는 이유를 들어 '금동천계금마산향로'로 하자는 제의를 해왔다. 뒷공론이 그치지 않자 문화재위원회가 나서서 '백제금동대향로'로 잠정 조정한 이름이 오늘까지 이어지고 있다. 연구가 미흡한 형편에서 편단을 막기 위해서

● 불교에서 세계의 중심에 서 있다고 믿는, 320만 리 높이의 산.

는 무난한 선택이었다고 할 수 있다. 향로의 제작시기도 538년 사비 (泗沘, 부여)에 천도하여 태평성대를 누리던 성왕(聖王) 치세 시라는 데는 대체로 의견이 모아지고 있지만, 구체적인 연대는 밝혀내지 못 하고 있다.

우리의 연구가 미흡한 틈을 타서 일부에서는, 특히 외국에서 는 이 멋진 향로가 과연 백제에서 만들어진 것인가 의문을 던지기도 한다. 그러나 백제에서 유사품이 발견된다든가, 또는 향로가 지니고 있는 양식적 독창성 등으로 보아 백제 특유의 창작품임이 확실하다. 전대인 무령왕 (武寧王, 501~523)의 능에서 출토된 동탁은잔(銅托銀 盞, 제기)은 연꽃과 용, 봉황, 사슴 등 갖가지 동물과 산악도로 장식되어 있으며, 부여 외리(外里)에서 발견된 산수봉황(山水鳳凰) 벽돌에도 산들이 중첩된 삼산형(三山形) 양식이 부조되어 있다. 그리 고 비슷한 시기인 중국 남북조시대에 만들어진 향로에는 없는 수렵

178

도가 백제향로의 뚜껑에는 새겨져 있다. 봉황을 중심으로 하는 5악사
(樂師)와 기러기의 상징체계도 중국향로의 구도에서는 찾아볼 수 없
다. 백제 공예미술의 독창성이 돋보이는 대목이다.

이 향로는 맨 위의 봉황, 산악도가 촘촘히 그려진 뚜껑, 연꽃이 장식된 몸체, 몸체를 물고 있는 용받침의 네 부분으로 구성되어 있다. 제단 모양으로 꾸며진 정상에는 천하가 태평할 때 나타난다고 하는 전설의 새 봉황이 날개를 활짝 펴고 춤을 추고 있다. 바로 그 아래에는 백제의 심오한 이상세계를 알리는 뚜껑이 있는데, 거기에는 5악사가 둘러앉아 악기를 연주하고, 5단에 74개 봉우리를 가진 삼산형 산악도가 새겨져 있으며, 이상세계의 주인공 17명과 동물 42마리가 등장한다. 모두가 이상세계의 상징물이 아니면 현실세계의 실물들이다. 몸체를 장식한 연꽃에는 갖가지 새와 물고기가 표현되어 있으며, 연꽃을 통해 생명이 탄생한다는 연화화생(蓮花化生)을 표현하고 있다. 끝으로 하단은 발가락이 다섯 개인 용이 몸체의 연꽃줄기를 입에 물고 비상하려는 듯 용틀임하고 있다. 총체적으로 봉황과 용의 대비적 배치라든가, 몸체의 연꽃과 산악도에 장식된 인물상과 동식물상의 조화라든가, 봉황을 중심으로 한 5악사와 기러기의 가무상 등, 한마디로 이상세계와 현실세계를 다 같이 조화롭게 구가하는 제반 구성요소나 구도로 볼 때, 이 백제대향로야말로 세계 향로사의 백미(白眉)라고 해도 과언이 아니다.

문제는 각개 구성요소에 대한 이해와 그를 바탕으로 한 종합적인 판단을 내리는 일이다. 아직은 어떤 결론을 내리기는 이르나, 분명한 것은 전부를 두드러지게 하는 입체적인 환조(丸彫, 봉황)나 어떤 부분만 두드러지게 하는 반입체적인 부조(浮彫, 몸체), 투명한 도안을 나타내는 공간적인 투조(透彫, 용받침) 같은 조각의 모든 기법을 완벽하게 소화한 공예미술의 결정체이고, 신선사상과 불교사상뿐만 아니라, 우리 겨레의 전통문화와 외래문화를 조화롭게 융합시킨 걸작이라는 사실이다.

180

흔히들 백제금동대향로의 원류를 중국 전국시대에 출현한 이른바 박산향로●에서 찾으면서 한대나 그 후의 북위(北魏)가 만들어낸 향로들과 곧잘 견주는데, 알고 보면 박산향로는 아랍을 비롯한 서역의 향문화를 받아들여서 생겨난 것으로서, 우리의 향문화나 향로의 근본은 중국을 넘어 멀리 서역에서 들추어봐야 할 것이다. '신의 음식'이라고 하는 향료는 기원전 5000년경부터 아라비아반도의 남부지방에서 쓰이고 있었다. 예수가 탄생할 때 동방박사가 가져간 3가지 예물 중 유향(乳香)과 몰약(沒藥)이 바로 그 대표적인 향료다. 이러한 서역 향료가 기원전 2세기 전한의 한 무제(漢武帝) 때에 서역으로 통하는 씰크로드 육로가 개통되면서 중국에 알려지게 되었으며, 그것이 한반도 삼국에까지 연장되었다. 불국사 석가탑에서 아랍산 유향이 발견된 것은 그 일례다.

정상에 있는 봉황은 고대 동이족에게는 대표적인 태양새이고 음악과 가무의 새일 뿐만 아니라, 봉황을 포함한 모든 새는 지상과 천상

을 잇는 신조(神鳥)로서 숭배의 대상이기도 하였다. 이러한 신조숭배
사상은 북방민족들의 고유문화와도 관련이 있다. 뚜껑의 다섯 봉우
리에서 춤추는 다섯 마리 기러기도 같은 맥락에서 설명할 수 있다.

182

이렇게 봉황이 악사나 춤추는 새와 함께 있는 모습은, 서역은 물론 중국의 향로에서도 찾아볼 수 없다.

뚜껑에 장식된 5악사에 관해서는 백제의 5부 체제를 상징한다는 주장도 일리가 있으나, 그 악기들이 말해주는 백제의 문화수용적 자세는 그에 못지않은 의미를 지니고 있다. 완함(阮咸), 피리〔笛〕, 배소(排簫), 북, 거문고의 5가지 악기 중 거문고를 제외한 나머지 4가지는 모두가 외래 악기로 보인다. 한가운데 배치된 완함은 원래 말 위에서 다루는 서역악기로서 중국 한대까지는 비파(琵琶, 枇杷)로 불리다가 진(晉)나라 때 완함이란 사람이 잘 연주한다고 하여 붙여진 이름이다. 피리는 서역의 구자(龜玆, 현 쿠처)에서 기원된 관악기이며, 대나무를 옆으로 나란히 묶은 배소는 북방유목민들의 관악기로서 고구려 벽화에도 나타난다. 완함의 오른쪽에 있는 북은 그 형태가 항아리 모양으로서 중국이나 고구려 유물에서는 아직 발견된 예가 없어 주목을 끄는데, 그 원형을 동남아시아(인도네시아의 보로부두르 대탑)에서 찾아볼 수 있어 거기로부터 유입된 걸로 판단된다. 백제가 동남아시아와 여러 가지 교류를 하고 있었다는 사실을 감안할 때 그것은 십분 가능하다. 이참에 한 가지 짚고 넘어갈 것은 춤과 율동을 전제로 한 흥겨운 우리네 3박자 전통음악은 2박자나 4박자를 근간으로 하는 중국음악과는 달리 저 멀리 중앙아시아나 서아시아의 마캄 같은 3박자 음악과 음률적 보편성을 공유하고 있다는 사실이다. 이렇게 향로의 5악은 동서남북의 음악으로 화음을 이루고 있다.

몸체에 3단으로 장식된 연꽃이 연화화생의 뜻을 담고 있어서 이 향로의 불교적 성격을 말해준다는 것이 학계, 특히 불교미술학계의 중론이다. 그러한 주장은 백제가 왕실을 통해 불교를 공식적으로 수용한(384) 후 "마치 파발마를 달려 왕명을 전하는 것처럼" 급속히 파급되었으며, 향로가 발견된 지점에서 불과 30m 떨어진 사찰터에서 성왕의 아들인 창왕(昌王, 즉 위덕왕威德王, 554~598) 13년(567)에 정해공주가 사리를 바쳤다는 사리감 명문이 나온 것 등을 근거로 하고 있다. 일리가 있는 주장이다. 그러나 앞에서 설명했다시피 연꽃 중에는 기원전 4900년경에 이집트에서 태양숭배의 상징으로서 국화(國花)로까지 쓰이다가 그리스-로마시대에 이르러 로투스(Lotus)란 이름의 장식무늬로 된 수련(睡蓮, 흰색과 푸른색)도 있다. 인도에 기원을 둔 홍련과는 달리 잎이 뾰족한 것이 특징인 이 수련무늬가 중앙아시아를 거쳐 동방에까지 전해져서 초기의 고구려 고분벽화(감신총, 4세기 후반)에서도 모습을 보인다는 건 앞에서도 말한 바 있다. 보다시피 백제금동대향로의 몸체에 그려진 연꽃잎은 그 끝이 살짝 반전되어 뾰족한 느낌을 준다. 따라서 연꽃무늬를 비롯한 연꽃문화의 전파상에 관해서는 더 심층적인 연구가 필요한 것 같다. 아무튼 향로의 연꽃장식이 홍련이든 수련이든 간에 외래문화와 융합되어 나온 것임에는 틀림없다.

　이상의 몇 가지 주요 구성요소에 대한 분석을 통해 알 수 있는 바와 같이, 백제금동대향로야말로 백제인들의 높은 정신세계와 진취성, 그리고 독창적인 금속공예술을 입증해줄 뿐만 아니라, 남들과의 어우름의 향훈을 듬뿍 풍기고 있다.

　이렇게 백제금동대향로는 그 무엇과도 바꿀 수 없는 우리의 귀중한 문화유산이다. 그러기에 우리는 그 진가와 위용을 꿋꿋이 지켜나가야 한다. 2002년 한국과 일본 간에 한·일월드컵 공동개최를 기념하는 '국보급유물 교환전시회'를 열 때, 일본 측은 전시할 우리 측 유물

중 이 대향로를 첫손으로 꼽고 그 유치를 끈질기게 촉구했다. 그러면
서 전시 포스터에 '백제금동대향로' 사진을 실어 대대적으로 홍보했
다. 그러나 몇몇 심지 있는 전문가들의 대바른 거절로 이 대향로와
영조어전의 반출은 불허되었다. 이것은 정정당당한 대응이었다. 일
본 역시 천황의 초상화 등 천황 관련 유물은 일절 해외 전시를 금한
다. 유물의 존엄은 곧 나라의 존엄이다.

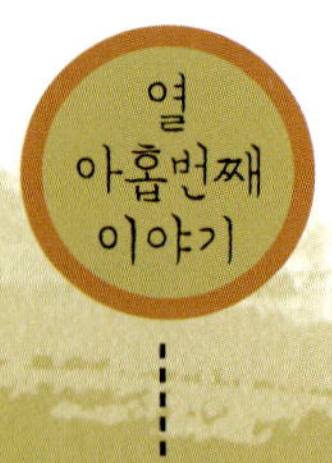

'칠지도'의 위증

부산에서 약 200km 떨어진 일본 서북부 도이가하마(土井ヶ浜) 해안
의 모래밭에서 발견된 300여 구의 유골은 신통히도 한결같이 20도
각으로 서북쪽을 향하고 있다. 전래의 매장법으로는 도무지 설명이
안 된다. 그 매장 시기도 갑작스레 기원전 2세기경부터이다. 오랜 연
구 끝에 인골형질학과 농경문화, 그리고 사향심 등 여러 측면에서 그
해답을 얻어냈다.

186

인골형질학적으로 그들은 종래 일본의 원주민인 죠오몬인(繩文人)과는 전혀 다른 집단인 야요이인(彌生人)들이다. 죠오몬인은 남방계 인종으로서 이마가 넓고 눈이 크며 턱이 넓적하나, 야요이인은 북방계 인종으로서 얼굴이 갸름하며 눈썹이 가늘다. 그런데 이 야오이인들이 다름 아닌 기원전 3~4세기에 한반도로부터 건너가 벼농사를 가르쳐준 사람들로서 농경을 중심으로 한 야요이문화를 일구어놓았다. 도이가하마 해안의 인골이 이 야요이인들인 것이다. 그들이 20도 각으로 향한 서북쪽이 바로 한반도에서 초기 벼농사를 가꾼 호남 일대이며, 그 방향으로 머리를 돌린 것은 고향을 그리워하는 수구지심(首丘之心)과 영혼을 고향으로 날려 보내려는 바람 때문이었다.

이처럼 한반도와 일본열도 간의 만남은 문화의 주고받음으로부터 시작했다. 그것이 한반도 남부에 자리한 삼한이나 가야와의 간헐적인 만남으로 이어져오다가 5~6세기에 이르러 일본에 고대국가가 형

성되면서 한반도 삼국과의 교류가 본
격화되었다. 그 진두에는 지정학적으
로 일본과 가까울 뿐만 아니라, 선진
문화를 구가하던 백제가 있었다. 일본
은 백제의 선진문화를 수용하고, 또
백제를 통해 중국문화와도 접하려는
욕망에서 백제와의 접근에 극성을 부
렸다. 한편, 백제는 고구려나 신라와
의 변화무쌍한 대립관계에 대처하기
위해 외교적으로 '먼 곳과 교섭하여
가까운 곳을 공격'하는 이른바 원교근
공책을 펴나갔다.

그리하여 초기 한성시대부터 백제와
일본 간의 선린과 교류관계는 한·일관계사상 유례없는 규모로 전개
되었다. 4세기 중엽 근초고왕(近肖古王) 때부터 양국 간에는 사절이
교환되고 각 부문 전문가들이 일본에 파견되어 일본문화의 개화를
선도했다. 오경박사가 일본에 가서 『주역』 『예기』 등 5경을 가르쳤고,
왕인(王仁)박사는 『논어』 5권과 『천자문』 1권을 가지고 가서 일본 태
자와 군신들에게 한자와 경전을 가르쳐 그들의 문맹을 퇴치하는 데
큰 몫을 했다는 것은 널리 알려진 사실이다. 이에 아직은 무학 상태
에서 허덕이던 일본사람들은 이 박사들을 가리켜 '문독인(文讀人)'
즉 '글을 읽는 사람'이라고 부르면서 무척 부러워하고 우대했다.

불교를 받아들인 지 얼마 되지 않지만, 백제인들은 워낙 높은 이상
세계를 추구하다보니 금세 불교에 정통하여 교리는 물론 복합적인

188

호오류우사

일본 국보 1호인 코오류우사의 미륵반가사유상(왼쪽) / 우리의 국보 83호인 금동미륵보살반가사유상(가운데) / 국보 78호인 금동미륵보살 반가사유상(오른쪽)

불교문화까지 일본에 능수능란하게 전해주었다. 그 결과 나라(奈良)를 중심으로 한 지역에 고대 일본문화 발달에 큰 기여를 한 아스까(飛鳥) 불교문화가 꽃을 피웠다. 일본 최초의 사찰인 아스까사는 백제에서 건너간 한 권세가의 증손인 소가노 우마꼬(蘇我馬子)가 세웠는데, 우마꼬를 비롯한 100여 명이 일제히 백제옷을 입고 준공 봉안식에 참석했다고 하니 그 기세를 가히 짐작할 수 있다.

공주시대를 이어 태평성대를 누리던 사비시대에는 백제문물이 글자 그대로 홍수처럼 일본에 밀려들었다. '수인(手人)'이라 불린 백제의 장인들은 수준 높은 공예기술과 예술을 전수했다. 아스까문화의 정수인 호오류우사(法隆寺)는 백제 장인들이 지은 18만 평의 대사찰로서 금당은 세계에서 가장 오래된 목조건물로 지금까지 남아 있다. 코오류우사에 봉안되어 있는 국보 1호인 목조 미륵보살반가상은 그

재료가 한반도에서 나는 적송일 뿐만 아니라, 그 외모 역시 우리나라 국보 83호인 금동미륵보살반가상과 쌍둥이처럼 닮았다. 시가현(志賀縣) 오오미신궁(近江神宮) 앞마당에 있는 일본 최초의 해시계와 물시계를 만든 사람도 백제 장인이며, 이 궁전 옆에 있는 최초의 국립대학 격인 칸가꾸도오(勸學堂)를 짓고 왜인들을 교육시킨 사람도 백제인이다. 아직도 일본땅 곳곳에는 그때 백제인들이 만든 저수지인 '백제지'가 남아 있다. 실로 일본의 정신문화와 물질문화의 구석구석에 백제의 손길이 가닿지 않은 곳이 없다.

그러한 사실을 실증하는 수많은 유물 중에는 이른바 '칠지도(七枝刀, 七支刀)'라는 특수한 유물이 하나 있다. 그 특수성이란 유물의 문화사적 가치보다는 정치사적 의미가 견강부회되기 때문이다. 나라현 텐리시(天理市)의 이소노까미신궁(石上神宮)에는 국보로 지정된 '칠지도'란 보물이 '판도라의 궤' 같은 특수상자 속에 갇혀 있다. 원래 이 신궁은 고대 일본을 지배한 씨족의 하나였던 모노노베씨(物部氏) 시기에 자신들의 조상을 모시는 씨족의 사당으로 세운 것이다. 그 자리는 야마또(大和) 정권의 무기고가 있었던 곳이며, 칠지도는 무기고 안에 보관되어 있었다. 이처럼 칠지도는 물론, 그것이 보관되어 있던 장소 자체가 고대 일본의 성소였기 때문에 칠지도에 접근하기란 쉽지 않았다.

그러던 칠지도를 처음으로 조사한 사람은 주지격인 대궁사(大宮司)로 이 신궁에 약 4년간(1874~1877) 재직했던 칸 마사또모(菅政友)다. 그는 심한 녹에도 불구하고 약간씩 빛나고 있던 금가루를 통해 명문의 존재를 확인하고서는 쇠줄로 녹을 갈아내 금으로 씌

칠지도 ● 길이 74.9cm.

190

어진 명문을 알아냈다. 칼의 양면에는 모두 61자(앞면 34자, 뒷면 27자)의 글자가 새겨져 있는데, 그중 마모된 글자가 4자(앞면)이고, 애매모호한 글자는 2자(앞뒤 각 1자)다. 그 앞뒷면 글자는 다음과 같다.

앞면 泰(和?)四年 五月 十六日 丙午正陽 造百練鋼七支刀 豈避
태 화? 사년 오월 십육일 병오정양 조백연강칠지도 애피
百兵 宜供工侯王 □□□□作
백병 의공공후왕 □□□□ 작

뒷면 先世以來未有此刀 百濟王世子奇生聖音(德?) 故爲倭王旨
선세이래미유차도 백제왕세자기생성음 덕? 고위왜왕지
造 傳示後世
조 전시후세

오래된 금속유물의 명문치고는 보존상태가 꽤 양호한 편이어서 그 판독에는 큰 문제가 없을 성싶다. 값어치로 보아 평범하다면 평범한 유물이다. 그런데 뜻밖에도 어느 날 나라의 운세와 자존심을 건 보물로 둔갑하여 그 실체를 둘러싸고 한·일 양국은 한 세기가 넘게 지루한 갑론을박을 일삼고 있다. 지금으로서는 도무지 그 끝이 보이지 않는다.

논쟁의 발단은 일본 측이 이 유물에 관한 유일한 문헌인 『니혼쇼끼』의 날조된 기록을 인용해, 이 칼은 백제의 '헌상품'으로서 왜가 4세기 중엽부터 약 200년 동안 가야를 비롯한 한반도 남부(임나)를 통치했다는 이른바 '임나일본부(任那日本府)'설의 물적 증거가 된다고 강변하는 데서 비롯되었다. 일찍이 이 신궁의 대궁사이자 『다이니혼시(大日本史)』 편찬자의 한 사람인 칸 마사또모는 4년간이나 이 유물에 관한 조사를 하고서도 10여 년이 지나서야 명문에 관한 메모를 작성했고, 다시 20여 년이 지나 그가 사망한 후에야 출간된 그의 전집

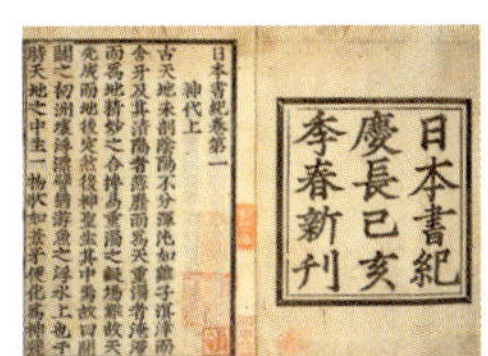

(1908)에 조사메모가 수록되었다. 그 사이 토오꾜오제국대학 교수 호시노 히사시(星野恒)는 신궁의 한 궁사에게서 넘겨받은 메모에 근거해 「칠지도고」(1891)라는 글을 발표했는데, 이 글에서 그는 49년(369)에 왜가 가야의 일곱 나라를 정복하여 백제에게 주었더니, 3년 후에 사례하는 뜻에서 백제가 사신을 보내 칠지도와 칠자경(七子鏡)을 비롯한 각종 보물을 '헌상'했다는 『니혼쇼끼』의 진꾸(神功) 기록을 전거로 이 신궁의 유물이 바로 그 칠지도라고 한다. 이것이 지금까지 일본 주류학계가 주장하는 이른바 '헌상설'이다.

이에 대해 다른 몇 가지 설이 있다. 칠지도 명문은 백제와 왜 사이의 상하관계를 보여주는 것이 아니라, 두 나라 간의 초기 외교관계의 상징물이라는 '대등설'이 있다. 또한 칠지도를 보낸 직접적인 주체가 '백제 왕세자'임에 주목하여 백제 개로왕 14년(468)에 왕세자였던 문주왕이 국정을 전담하는 상좌평에 취임한 기념으로 제작하여 왜에 증여한 것으로 해석하는 '증여설'도 제시되고 있다. 그런가 하면 북한의 김성형은 명문에 나오는 '태화(泰和)'라는 연호가 중국에는 없었으므로 백제의 독자적 연호로 볼 것을 주장하면서 '후왕(侯王)'은 백제왕에 대한 왜왕의 지위를 나타내는 것으로서 백제왕이 4~5세기경에 이소노까미신궁 일대를 영역으로 하는 백제계 분국(分國)의 왜왕에게 하사한 것으로 해석하는 '분국론'을 1966년에 발표해 일본 학계에 큰 반향을 불러일으켰다. 이것은 분명한 '하사설'이다.

신궁 유물의 실체를 밝히는 데 중요한 의미가 있는 제작연대 문제에서 일본 측은 명문에 있는 연호인 '태(泰)□ 4년'을 초기에는 중국 서진의 연호인 태시(泰始) 4년으로 보고 268년이라고 하다가, 지금은 다시 동진의 연호인 태화(泰和) 4년으로 판단해 369년이라고 주

칠자수대경(위) ● 무령왕릉에
서 출토된 청동거울.

일본 칸온야마(觀音山) 고분
에서 출토된 청동거울(아래) ●
6세기 중후반.

장하는데, 이 해가 바로 왜군이 임나를 정벌했다는 해다. 이
것은 이 유물의 '헌상'을 이른바 '임나일본부'설의 근거
로 짜 맞추기 위한 시도로 보인다. 지금까지 한국이나
일본, 그리고 중국에서 출토된 금은상감검(金銀象嵌
劍)은 모두가 5세기 후반부터 6세기 전반에 제작한 것
으로 판명되고 있다. 또한 칠지도와 함께 '헌상'했다는
칠자경(언저리에 원이 7개 새겨진 청동거울)이 6세기 전반의 무
령왕릉에서 처음으로 발견된 사실로 미루어 일본에 보낸
칠자경이 4세기 후반에 만들어졌을 리가 만무하다. 따
라서 칠지도를 369년에 만들었다는 것은 성립될 수 없
는 가정이다.

　　이러한 맹점과 더불어 『니혼쇼끼』가 전한 칠지도와
신궁에서 발견된 유물이 같은 물건인가 하는 데 대해서
도 의혹을 던지지 않을 수 없다. 지금까지의 논란에서는 이
문제가 소외되어왔다. 원래 칸이 신궁에서 발견할 때 물품목록에는
분명히 '육차모(六叉矛)', 즉 여섯 갈래의 창이라고 기재되어 있었으
며, 그는 이 이름으로 메모하였다. 그리고 실제 유물도 가장자리가
얇고 중심부가 두꺼워 칼보다는 창이나 검에 가깝다. 뿐만 아니라,
한눈에도 유물은 '7지', 즉 일곱 가지가 아니라 몸체에 붙은 여섯 가
지가 엇갈려 배열되고 있음을 알 수 있다. 그럼에도 모두들 몸체까지
합쳐서 '칠지'라고 하는데, 몸체가 어떻게 가지일 수가 있는가. 상식
밖의 얘기다. 그런데도 신궁 유물에는 '칠지도'란 글자가 새겨져 있
으니, 이것은 도대체 무슨 영문에서일까, 묻지 않을 수 없다.

　　720년경에 편찬되었다가 임진왜란 직후에 필사본으로 발견되어 한국과의 관계에 관한 기술에서 왜곡이 많은 것으로 알려진 『니혼쇼끼』
의 조작기사를 합리화하기 위해 누군가가 여섯 가지를 일곱 가지라
고 우겨대면서 명문 중의 '육차모'를 '칠지도'로 변조했다고 지적한다
면 이것이 과연 무리일까. 이 대목에서 거의 같은 시기(1884)에 일본
육군참모부가 나서서 '광대토대왕비'에 석회 칠을 하고 '임나일본부'
설의 '근거'를 마련하기 위해 '왜도해파(倭渡海破)', 즉 '왜가 바다를
건너와서 (백제와 신라를) 파했다'는 네 글자를 위작했다는 신빙성 있는
일설을 떠올리지 않을 수 없다. 또 2000년 11월에 일본 구석기문화를
70만 년 전으로 끌어올리기 위해 '신의 손'이라 불리는 '고고학자' 후
지무라 신이찌(藤村新一)가 미야기현(宮城縣) 카미따까모리(上高森)
유적지에 '유물'을 몰래 파묻다가 들통이 나 세상을 경악케 한 '차원
높은' 사기극을 상기하면서 그 맥락에 유념하게 된다. 이제 '칠지도'
는 그 위증을 접고, 대신 육차모가 나서서 역사의 실상을 실토해야
할 것이다.

문명의 용광로
무령왕릉

중국 『수서(隋書)』에 보면 '백제'란 이름은 '백가제해(百家濟海)', 즉 '100가(家)가 바다를 건너다'에서 유래했다고 한다. 말하자면, 많은 사람들이 바다를 오간 데서 나온 이름이란 뜻이다. 이것은 해상왕국 백제가 바다를 통해 많은 사람들과 국제적으로 교류했다는 것을 시사한다. 사실 백제인들은 이러한 교류를 통해 받아들인 다양한 문명을 '백제'라는 용광로 속에서 잘 융해시키고 응결시켜 온화하고 섬세

하며 우아한 특유의 문화를 창출해 겨레의 문명사에 크게 기여했다. 우리는 이러한 융합상을 '세기의 발견'이라고 하는 무령왕릉(武寧王陵, 사적 제13호) 터와 유물에서 그대로 찾아보게 된다.

무령왕릉 내부 복원도

1971년 한여름 장마철 어느 날, 공주시 송산리 고분군에 있는 5호분과 6호분에서는 침수를 방지하기 위한 배수로 작업이 한창이었다. 그런데 땅을 파던 중 우연히 아래쪽에 빈 공간이 나타났다. 그렇게 발견된 이 아치형 벽돌무덤에는 죽은 사람의 생몰 연월일과 행적, 무덤의 방향 등을 적어서 무덤 앞에 묻는 지석(誌石)이 발견되어 무덤의 주인공과 그의 사망 및 안치 연대, 무덤의 조영연대, 그리고 왕의 계보 등을 명확히 알 수 있었다. 숱한 삼국의 능 가운데서 묻힌 이의 신분을 확인할 수 있는 유일한 능이다. 무덤 주인은 백제 웅진(熊津) 시대(475~538)의 중흥에 진력한 제25대 무령왕(재위 501~523년)과 왕비다. 우연한 발견과 이틀 만에 끝난 졸속한 발굴작업, 그리고 관련기록의 부재로 인해 아직까지도 풀리지 않은 여러 가지 수수께끼를 남겨두고 있지만, 지금까지의 연구결과에 토대하더라도 그 실체와 상징성, 특히 '백가제해'다운 문명의 교류나 만남의 실상은 어느 정도 파악할 수 있다.

무령왕릉을 지키던 진묘수(鎭墓獸)

이러한 실상은 훌륭한 임금으로 알려진 무덤의 주인공 무령왕의 생전 치적과 직결되어 있다. 40세의 늦은 나이에 즉위한 무령왕은 수도를 한성(漢

城)에서 공주로 옮겨오지 않을 수 없었던 불안과 동란의 격변기를 극복하고 공주시대의 번영을 이룬 백제 '중흥의 대왕'이다. 8척의 키에 준수한 용모를 갖추고 성품도 인자하고 관대했던 그는 506년 기근이 들자 창고를 풀어 굶주리는 백성을 구제하고, 510년에는 영을 내려 제방을 쌓으며, 유랑민들을 고향으로 돌려보내 농사를 짓게 하는 등 각방으로 민생의 안정을 챙기므로 민심이 그를 따랐다. 대외적으로도 일본이나 중국 등 외국과의 내왕이나 교류를 적극 권장했다. 그리하여 중흥기의 모습답게 이 처녀분에서는 108종에 2,906점의 화려한 유물이 쏟아져 나왔다. 그중 금제관식(金製冠飾)과 청동신수경(靑銅神獸鏡) 등 국보로 지정된 유물만도 12점에 달한다. 62세를 일기로 523년에 승하한 2년 뒤(525)에 이곳 송산리에 안장했다. 이름은 사마(斯摩, 斯麻) 또는 융(隆)이며 시호가 무령(武寧)이다.

무령왕릉은 전형적인 벽돌무덤이다. 벽돌무덤이란 한마디로 벽돌로 묘실(墓室, 널방)을 만들고 거기에 주검을 넣은 무덤을 말한다. 일반적인 구조는 맨땅에 깊이 1m 정도의 구덩이를 파고 바닥에 벽돌을 깔고 벽을 쌓아올려서 문이 있는 널방을 만든 다음 그 위에 흙을 덮어서 봉분을 만든다.

무령왕릉은 왕이 붕어하기 11년 전부터 만들기 시작했으며, 사후 시신은 2년간 가묘(假墓) 상태에 있다가 이 무덤에 안장하는 두벌문기법[二次葬法]을 따랐다. 무덤의 전체 길이는 7.1m인데, 그중 길이 4.2m, 너비 2.7m, 높이 2.9m의 널방은 이른바 4평1수식(四平一竪式),

즉 연꽃무늬나 인동무늬, 마름모꼴무늬를 새긴 아름다운 벽돌 4개를
포개고, 그 위에 짧은 변을 높이로 세우는 특수한 방식으로 지었다.
벽면 중간에는 등잔을 넣는 작은 벽감실(壁龕室)이 달려 있고, 바닥
은 무늬 없는 벽돌을 삿자리 식으로 깔았다. 동쪽에 왕의 널, 서쪽에
왕비의 널이 배치되어 있는데, 특이하게도 머리를 남쪽으로 향하고
있다. 이것은 아마 풍수지리상으로 남쪽이 용이 오는 방향이라고 믿
어서인 것 같다. 바닥에는 길게 벽돌을 포개어 배수구를 만들어놓았
으며, 천장은 둥근 궁륭형(穹窿形)이다. 특이한 것은, 처녀분인데도
마치 도굴꾼들이 다녀간 것처럼 부장품들이 마구 흩어져 있었다는
사실이다. 이에 관해 이러저러한 해명이 있으나, 모두 신빙성 없는
가설에 불과하다.

　유물 중에는 왕과 왕비가 쓰던 왕관장식을 비롯해 금팔찌와 금귀걸
이 같은 정교한 순금세공품(3kg)과 국내외산 철기, 청동기, 도자기,
유리구슬, 석수(石獸), 통화(通貨) 등 소재와 기법에서 서로 다른
여러 문명을 아우르는 귀중한 부장품들이 숱하게 들어 있다. 부
여로부터 고구려로 이어지는 북방대륙문화와 마한(馬韓)으로
부터 이어지는 남방해양문화가 여기서 접목되는가 하면,
가깝게는 일본과 중국의 문화가, 멀리로는 그리스－로마
문화와 서역문화가 여기서 만나기도 한다. 무령왕릉이야
말로 여러 문명을 한자리에서 어울리게 한 '문명의 집
합처'로서 개방적이고 진취적인 백제문화의 국제성을 여
실히 보여주고 있다.

　국보 154호로 지정된 금제관식(金製冠飾) 한 쌍(길이가 각
각 30.7cm와 29.2cm, 너비는 각각 14cm와 13.6cm)은 기원 전후 약

왕의 금제관식

198

1,000년 동안 유라시아대륙의 북방지대를 관통한 황금문화의 영향을 받은 것이 분명하다. 왕의 널 안쪽 머리 부근에서 포개진 상태로 발견된 왕의 금제관식은 금판을 뚫어서 덩굴무늬를 장식하고 줄기가 마치 불꽃이 타오르는 듯한 모양새를 하고 있으며, 앞면에는 구슬 모양의 꾸미개를 금실로 꼬아서 줄줄이 달았다. 신라의 금관에 비해 전혀 손색이 없는 관식이다. 날개를 펴고 날아가는 새 모양의 금제뒤꽂이는 신조사상(神鳥思想)의 상징이며, 국보 161-1호인 청동신수경에 새긴 신성한 동물무늬도 북방유목문화에 속하는 무늬다. 그리고 금동제품의 도금은 아말감야금법, 즉 아말감에서 수은을 증류해 금이나 은을 가려내는 야금법을 도입했다는 것이 과학자들의 실험결과 밝혀져 백제의 금 제련 및 정련 기술이 뛰어났음을 확언해주고 있다. 섬세한 동탁은잔은 사비시대의 금동대향로와 더불어 백제 금속공예의 백미를 이루고 있다.

무령왕릉은 공주 송산리 6호분과 더불어 전형적인 벽돌무덤이다. 일명 전축분(塼築墳)이라고 하는 이 무덤은 원래 중국에서 한대부터 송대에 이르기까지 널리 쓰인 전형적인 중국식 무덤형태로서 한나라의 세력이 미쳤던 대동강 유역에 기원 3~4세기께 처음으로 나타났다. 그러다가 6세기 전반 백제의 공주시대에 이르러 중국 남조와의 관계가 밀접해지면서 그 무덤형식이 다시 받아들여진다. 이 시대 이후에는 더 이상 나타나지 않는다. 무덤에서는 교역품으로 여겨지는 중국 남조의 자기와 청자, 그리고 동전인 철제오수전(鐵製

五銖錢)이 여러 점 나왔다. 한편 나무널의 재질을 분석한 결과 세계적으로 한 종밖에 없는 일본산 금송(金松)이라는 것이 밝혀졌다. 상록침엽교목인 금송은 일본 혼슈우(本州)의 저위도지방과 큐우슈우(九州)나 시꼬꾸(四國) 등 남부지방에만 분포하며 대체로 해발 600~1,200m의 고지대에서 자생한다. 무령왕릉의 왕과 왕비의 관을 만드는 데는 수령 350년 내지 600년, 직경 130cm 이상 되는 거대한 금송들이 수십 그루 사용되었다. 이 같은 사실은 동북아 해상강국으로 군림하던 공주시대 백제가 중국 남조나 일본 야마또(大和) 정권과 밀접한 외교관계와 교류관계를 맺고 있었음을 입증한다.

금제수식부이식 ● 길이 11.8cm.

국보 157호인 금제수식부이식(金製垂飾附耳飾)은 왕비가 사용하던 귀걸이로서 누금(鏤金)과 감옥(嵌玉) 기법을 사용하여 제작한 것이다. 굵은 고리를 중심으로 탄환이나 잎사귀 모양의 누금한 작은 장식들을 연결하고, 담녹색 둥근 옥을 매달아 대단히 정교하고 화려하게

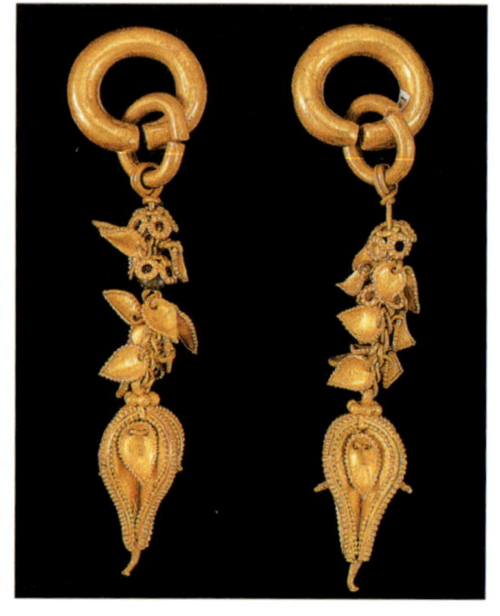

금제수식부이식(왼쪽) ● 길이 8.8cm.

금제귀걸이(가운데)와 금모곡옥(오른쪽)

꾸몄다. 필리그리(filigree)기법이라고 부르는 누금기법은 원래 이집트에서 발생한 후 중앙아시아를 거처 중국과 한반도까지 전파되었다. 누금이란 가는 금줄과 작은 금알을 늘여 붙여서 물형을 만드는 정교한 세공기법이다. 이에 비해 감옥은 금테두리 안에 여러 가지 색깔의 옥을 박는 공예기법으로서 이른바 다채장식양식(多彩裝飾樣式)으로 알려져 있는데, 기원 초 그리스, 로마 등지에서 유행하다가 페르시아와 중앙아시아를 거처 중국과 한반도에 전해졌다. 이 두 가지 기법이 고구려에서는 드물지만, 백제나 신라에서는 널리 이용되어 장신구 장식기법의 하나로 정착되었다. 그런가 하면 연꽃무늬 벽돌에는 앞서 말했던 고대 유럽의 팔메트무늬도 보인다.

끝으로, 무령왕릉은 고대 유리제품의 진열장을 방불케 한다는 데서, 백제문화의 교류상이나 국제성을 더욱 실감케 한다. 왕비의 허리부분에서 이목구비가 뚜렷한 2개의 유리 동자상(童子像)이 출토되었는데, 하나는 완전하나 다른 하나는 반쯤 부서진 상태다. 아마 이 작은 동자상(2.5cm)은 호신용 부적으로 사용된 것 같으며, 계통으로는 알칼리 유리계에 속한다. 지금까지 우리나라에 남아 있는 유리제품 가운데서 한국적 이미지를 가장 잘 나타나는 작품이며, 유리제 단독 조각상으로는 유일한 것이다. 이것은 백제가 이룬 높은 수준의 유리제조 기술을 말해준다.

이 무덤에서 출토된 유리제품 가운데는 이러한 우리의 제품과 함께 크기나 색깔, 형태에서 무척 다양하고 화려할 뿐만 아

니라, 계통을 달리하는 여러 가지 유리구슬들이 혼재해 있다. 금박을 입힌 금박구슬(Gold-foil Glass Bead)은 원래 기원전 3세기경에 처음으로 흑해 연안에서 나타나 이집트, 서아시아, 이란, 인도, 중국, 동남아시아 등지에서 유행했다. 우리나라의 경우 경주 금관총이나 무령왕릉에서 이러한 구슬이 선보이는데, 그 형태나 성분 등을 따져보면 기원 2세기 이후에 동남아시아, 특히 타이 지역에서 유행하던 것과 밀접한 관계가 있는 것으로 학자들은 보고 있다. 그 밖에 출토된 '무티살라 구슬'(Mutisalah Bead)이라고 하는 주황색 소옥은 인도에 기원을 두고 있는데, 남방 해상루트를 통해 동남아시아를 비롯한 인도-태평양문화권에 널리 퍼졌다. 우리나라에는 기원 2세기경부터 유입된 것으로 추측된다.

이상의 몇 가지 대표적 유물에서 보다시피 무령왕릉은 말 그대로 문명의 '용광로'이고 '집합처'로서 한국문명사의 영광스러운 한 장을 수놓았다. 백제는 동아시아의 요로에 위치한 해상성국답게 동서남북방방곡곡의 문화를 진취적으로 수용하고 소화하여 자신의 문화를 찬란하게 꽃피웠으며, 그러한 문화적 진취성은 나라를 강하게 만드는 원동력이었다. 문명한 민족은 강한 민족이고 문명한 나라는 대국이다. 그래서 아마 다산(茶山)은 백제가 삼국 가운데서 가장 강성한 나라였다고 추단한 것 같다. 백제의 이러한 진취성은 해상국이란 지정학적 이점을 최대한 살려서 해로를 통한 국제적 교류를 활성화한 데서 비롯된 것이다.

바닷길로 들어온
불교

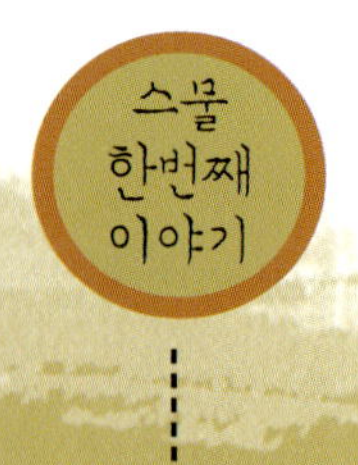

문화현상 가운데서 종교는 전파성이 가장 강한 분야다. 특히 불교 같은 보편종교는 자연이나 혈연 구조에 기반을 둔 자연종교와는 달리 자신뿐만 아니라 타인의 종교적 이상까지도 추구하는 노력, 즉 전파를 통한 전도를 꾸준히 진행하게 된다. 이 같은 종교의 전파는 필연적으로 초보적 전달과정인 초전(初傳)과 문화적인 변용(metamorphosis)을 수반하는 공전(公傳)의 두 단계를 거쳐 점진적으로 실현된다. 초전은 주로 민간에서 잠행적으로, 개별적으로 이루어지는 전파이며, 공전은 일정한 초전과정을 거친 후 국가나 권력의 공식적인 허용, 즉 공허(公許)에 의해 공개적으로, 광범위하게 이루어지는 전파다. 따라서 종교가 언제부터 전파되었는가 하는 시원은 응당 초전에서 찾아야 하지, 공전 시기를 그 시원으로 간주하는 것은 분명 무리다.

종교는 일종의 문화현상이기 때문에 그 전파과정이나 전파결과에 대해서는 문화교류사적 시각에서 고찰하되, 반드시 하나의 종교적인 종합문화체로 인식해야 한다. 예컨대 문화교류사적 의미에서의 불교란 불(불상), 법(경전), 승려의 삼보(三寶)와 이 삼보를 안치하는 가람, 승원 또는 그 속에서 거행되는 각종 종교의식과 학문연구, 그리고 가람, 승원, 불구(佛具) 들을 만들고 장식하는 각양각색의 건축, 회화, 조각, 공예, 복식뿐 아니라 음악, 무용까지 망라하는 불교적인 종합문화를 말하는 것으로서, 불교의 전래나 홍통(弘通)을 거론할 때는 이 불교적인 종합문화체의 여러 구성요소들을 복합적으로 다루어야 한다.

종교 전파사 일반에서와 마찬가지로 불교 전파사에서도 전파의 시원문제는 까다롭고 구명하기가 어려운 터라서 아예 무시하거나 초단계적으로 접근하는 것이 상례로 되고 있다. 우리나라의 경우, 지금까지도 대체로 초전을 도외시한 채 최고 권력자의 공허에 의한 공전을 불교 전래의 시원으로 삼는 것이 교과서적인 통념으로 굳어져왔다. 즉 순도가 고구려의 불교를 창시했다는 '순도조려(順道肇麗)'와 마라난타(摩羅難陀)가 백제 불교를 개척했다는 '난타벽제(難陀闢濟)', 그리고 아도가 신라 불교의 기반을 닦았다는 '아도기라(阿道基羅)'가 지금까지 한국 불교의 전래과정이나 전래시조 및 전래기원에 관한 통설로 되고 있다.

　구체적으로 그 과정을 살펴보면, 최초의 공전국인 고구려에서는 372년에 소수림왕(小獸林王)이 전진왕(前秦王) 부견(符堅)이 보낸 승려 순도를 맞아 불상과 경전을 전해받고는 사의를 표하면서 태학(太學)과 절을 세워 제자들을 교육한 것이 고구려 불교의 시작이며, 백제에서는 384년에 침류왕(枕流王)이 중국 동진(東晉)을 거쳐 들어온 서역승 마라난타를 궁중에 받아들인 후 수도에 절을 세워 10명의 승려를 출가·입주시킨 것이 백제 불교의 개척이라는 것이다. 신라의 경우도 5세기 중반 눌지왕(訥祇王) 때 잠입한 서역승 아도화상의 전도활동으로 인해 신도가 늘자, 6세기 전반 법흥왕(法興王)이 불교를 흥기시키려 했다가 신하들의 반발에 부딪혔고 결국 이차돈(異次頓)의 순교를 계기로 마침내 불교가 허용되었다는 것이다. 그래서 아도화상과 법흥왕, 이차돈 세 사람을 신라 불교를 일으킨 '흥법삼성(興法三聖)'이라고 한다.

　이같이 삼국의 불교 전래에서 찾아볼 수 있는 공통점은 왕이 전도승을 자진 맞이하여 우대하면서 절을 세우고 승려와 신자들을 배양함으로써 고유의 전통과 신앙에 획기적인 변용을 가져온 공전이 이루어졌다는 것이다. 이것은 분명히 초단계적인 전파와 수용이다. 왜냐하면 이러한 공전은 상당한 기간에 걸친 초전 없이 어느 날 갑자기 이루어질 수 없기 때문이다. 일반적으로 잠재의식으로서의 종교는 외부에서 들어와서도 이

206

이차돈 순교비 ● 높이 106cm /
818년 건립. 목이 아래로 떨어
지면서 피가 솟구치는 장면이
돋을새김으로 표현되어 있다.

질감에서 오는 거부나 냉대로 인해 쉽게 수용되지 않기 때문에, 그 전파과정은 순조롭지 못하고 우여곡절을 겪게 마련이며, 따라서 오랜 기간을 요한다. 그러한 과정이 바로 초전단계인 것이다.

고구려에서는 소수림왕 때 순도가 온 지 2년 후에 전도를 위해 고구려를 찾은 아도의 전기에서 고구려 불교의 초전 사실을 찾아볼 수 있다. 『삼국유사』에 따르면, 3세기 중반에 중국 위나라의 아굴마(我堀摩)가 고구려에 사신으로 왔다가 고구려 여인 고도령(高道寧)과 사통하여 낳은 자식이 바로 아도인데, 그는 5살 때 어머니의 뜻으로 출가하였다가 14살 때 어머니 나라인 고구려로 다시 돌아왔다.

이렇게 순도가 고구려에 오기 100년 전에 아도 어머니 고도령은 이미 불교를 신봉하고 있어서 어린 아들을 출가시켰다고 하니, 이것은 당시 불교가 이미 유행하고 있었음을 말해준다. 인접한 중국에서는 기원 전후에 불교가 들어와 2세기 말부터는 모든 지역에 확산되었으니, 이웃인 고구려에도 이심전심으로 불교가 자연스럽게 알려져서 신봉자가 생겨났을 것이다. 이러한 바탕 위에서 비로소 공전이 이루어지게 되었던 것이다.

백제의 경우, 중국 동진에서 건너온 서역승 난타의 신분에 관한 기록이 없는 점으로 미루어 그는 비공식적으로 내방한 한 외국승에 불과했을 것이다. 궁중 출입이 엄한 데다 언어·습관이 다르고 외모 형색이 엉뚱한 외국 사문을 왕이 친히 교외에까지 나가 예의를 갖추면서 맞이하고 궁중에 안주시켰다는 것은 백제인들이 이미 불교를 알고 있었고, 왕 자신도 불교를 숭상하고 있었다는 것을 시사한다. 일단 왕에 의해 받아들여진 불교가 급속히 전파된 데 대해 『해동고승전(海東高僧傳)』은 위로는 왕과 신하로부터 아래로는 백성에 이르기까지 불교에 귀의하여 불사를 크게 떨치니 불교는 마치 "파발마를 달려 왕명을 전하는 것처럼" 파급되었다고 묘사한다. 좀 과장된 표현이기는 하나, 그만큼 불교가 신속하게 전파되었다는 상황을 전해주는 것이라 하겠다. 선행한 바탕이 없었다면 이처럼 급속한 파급은 절대로 불가능했을 것이다. 요컨대 침류왕에 의해 공전되기 전에 백제에는 이미 불교가 상당한 정도로 퍼져 있었다고 추정할 수 있다. 이러한 사실을 말해주는 물증으로 한성시대 백제의 영역이었던 한강 변의 독도(纛島, 뚝섬)에서 건무(建武) 4년(338)이 명기된 금동불좌상이 발견된 것을 들 수 있다. 이 금동상은 인도 간다라미술의 영향을 많이 받은 중국 불상 양식으로서 고구려로부터 불교가 유입된 결과라고 짐작된다. 불교문화 유산으로서의 이 불상이 주조되거나 봉안된 것으로 보아 공전 이전에 벌써 민간에서는 불교가 유포되고 있었으며, 그에 따라 불교문화를 수용했을 것으로 판단된다.

신라에도 공전 이전에 불교가 유행한 기록이 몇 군데 있다. 『해동고승전』에 의하면, 신라 불교의 기반을 닦았다는 아도가 일선군(一善郡)에 와서 불교 신자인 모례(毛禮)로부터 고구려에서 온 승려 정방(正方)과 감구빈(減垢玭)이 포교활동을 하다가 피살된 사실을 전해 들었다고 한다. 이것은 아도가 오기 전에 이미 모례 같은 불교 신자가 있었고, 순교한 정방과 감구빈 같은 전도자들이 활약하고 있었음을 말해준다. 그 밖에 『삼국유사』에는 전불사(前佛寺)이기는 하지만, 아도가 오기 전에 계림(鷄林), 즉 신라에는 흥륜사(興輪寺), 영흥사

(永興寺), 황룡사(皇龍寺), 분황사(芬皇寺), 영묘사(靈妙寺), 천왕사
(天王寺), 담엄사(曇嚴寺) 등 가람터가 7곳이나 있었다고 전한다.

　이처럼 단편적인 사료나 추론만으로도 삼국에 불교가 공전하기 이

전에 이미 초전단계의 불교가 유포되고 있었음을 확인하게 된다. 그런데 이상의 불교 전파는 초전이건 공전이건 간에 모두 북방루트(주로 육로)를 통해 진행된 것이다. 한편, 다분히 초전단계에 속하는 가야불교나 동남해안 일대에 남겨진 불교 흔적들을 추적해보면, 북방루트에 앞서 남방해로를 통해서도 불교가 전래되었음을 발견하게 된다. 그리하여 북방루트인 인도→서역→중국→한반도 순의 전래과정과 그 유포내용을 '북래설'로, 그에 비해 남해로를 통한 전래과정과 그 유포내용을 '남래설'이라고 일단 이름 붙일 수 있을 것이다. 지금까지는 '북래설'에만 치우쳐 '남래설'에는 마땅한 관심을 돌리지 못했다.

南래 초전을 증명하는 기록과 유물은 앞의 허왕옥설화 등의 가야의 건국설화에 엉킨 불행(佛行)이나 불적 말고도 적지 않게 찾아볼 수 있다. 그중 대표적인 것이 유점사(楡岾寺) 53불상에 관한 기록이다. 고려의 명신 민지(閔漬)가 쓴 『금강산 유점사 사적기』에 의하면, 인도의 문수보살이 얼굴이 잘생긴 53불상을 철종 속에 넣어 배에 띄워 보냈는데, 그것이 월지국(月氏國)을 거쳐 신라 남해왕(南海王) 원년(기원후 4)에 금강산 이동의 안창현(安昌縣) 포구(현 강원도 간성)에 표착한 후 국왕의 명에 따라 유점사에 봉안되었다고 한다. 물론 전설적인 요소가 있어서 그대로 수용하기에는 주저되는 바가 없지는 않으나, 초기 불교가 남해로를 통해 금강산 일대에 전해졌다는 사실을 시사하고 있어 주목된다. 가야건국설화가 전하는 불행이나 불적들도 설화로서 전승되어왔기 때문에 신화적 요소들이 끼어 있기는 하지만, 그 내용을 세심히 음미하고 검토해보면, 불교가 북방루트에 앞서 남해로를 통해 한반도의 동남해 연안에 일찍이 전파되었음을 간파하게

210

된다.

남래 불교는 북래 불교처럼 체계적으로, 그리고 근기 있게 유입되지 않고 표착 등 우발적인 계기에 의해 전래되었기 때문에 전설적인 윤색이나 가미를 면치 못하였으며, 유입이나 보급에서도 지속성이 결여되었다. 그리하여 결국 신라 불교에 흡수되어 명맥을 잃고 말았다. 그러나 이러한 영세성이나 미흡점이 있다고 하여 불교의 남래 자체를 부정하거나 무시할 수는 없다. 따라서 한국 불교의 전래는 으레 북방루트와 남방해로의 두 통로를 거쳐 이루어진 것으로 정립되어야 할 것이다.

불교의 정확한 남래 시한은 단정할 수가 없으나, 유점사의 53불상이 신라 남해왕 원년, 즉 기원 4년에 도래하였다고 하는데, 만일 이것이 사실이라면, 이 남래 불교는 명제(明帝)가 다스리던 후한의 영평(永平) 10년(67)에 공전된 중국 불교보다 63년, 그리고 북래한 고구려 불교보다는 약 370년이나 앞서 전래된 것이 된다. 좀 늦잡아서 수로왕의 불행과 연관시켜본다고 해도, 그가 기원 42년에 강림 즉위하여 199년에 별세했다고 하니, 그의 말년을 기준 삼아도 고구려 불교보다 근 200년이나 먼저 들어온 셈이다. 요컨대 바닷길을 통한 불교의 남래가 육로를 거친 북래(공전)보다 200~300년 선행한 것으로 추정된다.

초전이건 공전이건, 북래건 남래건 간에, 일단 유입된 불교는 우선 왕실을 중심으로 귀족들이 받아들임으로써 크게 발전하였으며, 공허·공전으로 인해 처음부터 호국불교적 성격을 강하게 띠었다.

로마문화의 왕국
신라

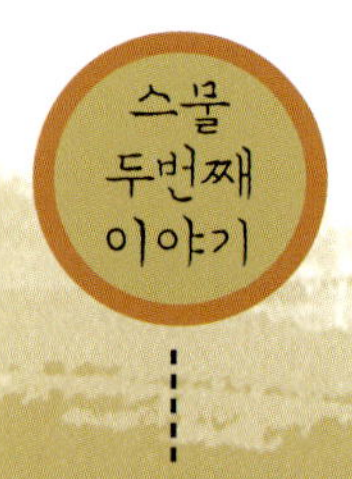

어느 외국 학자는 상당한 논리적 근거를 제시하면서 삼국시대의 신
라는 '로마문화의 왕국'이라는 평가를 내리고 있다. 그리고 그 근거
로 동아시아에서는 그 유례를 찾을 수 없을 정도로 신라에 로마문화
가 넓고 깊게 스며들었다는 사실을 든다. 사실 지금까지는 신라문화
가 북방대륙문화의 영향을 많이 받은 데다가 남방해양문화가 가미되
어 발달해왔다는 것이 국내외 학계의 통설이었다. 간혹 서역이나 로

212

마 계통에 속하는 유물 몇 점을 놓고 이런저런 논의가 있어왔지만, 대부분은 단편적이었다. 이 외국 학자는 30년의 연구 끝에 펴는 자신의 논지가 지금까지의 통설에 '하나의 바람구멍을 뚫는' 파격적인 논지가 될 것이라고 누누이 설파한다. 액면 그대로 받아들이기에는 주저되는 바가 없지는 않지만, 일리는 있다.

그는 4~6세기 신라 유적에서 출토된 로마유리와 그리스-로마의 전통적인 누금세공 장신구, 황금보검을 비롯한 금은제품, 말머리 등을 장식한 뿔잔(rhyton, 각배)이나 와인잔풍의 토기류, 손잡이 달린 컵 등의 로마적 요소, 그리고 그리스신화의 성수(聖樹)신앙을 반영한 수목관(樹木冠) 형식의 왕관 같은 것은 고구려는 물론 중국문화와도 근원적으로 별 관련이 없다고 주장한다. 그렇다면 로마문화에서 만들어진 것을 신라로 가져왔거나, 북방민족의 중계로 디자인과 기법을 도입했음이 분명하다고 지적한다.

한반도 동남부 일각에서 일찍이 꽃핀 가야문화를 포용한 신라문화에는 상층문화건 기층문화건 할 것 없이 곳곳에서 로마문화의 흔적이 또렷하게 나타나고 있다. 그러한 흔적은 4세기부터 6세기까지의 신라 고분 유적과 유물에서 집중적으로 나타난다. 아직은 비교문화적인 연구가 미흡하기 때문에 확연하지는 않지만, 소재와 형식, 기법 등을 감안하면, 대체로 로마문화와 공유성을 갖고 있는 것과, 로마문화를 그대로 받아들인 것, 그리고 그것을 창조적으로 변용·발전시킨 것 등, 3가지로 크게 나눌 수 있다. 이것은 신라문화 특유의 국제성과 진취성, 독창성을 여실히 보여주고 있다.

신라문화와 로마문화의 공유성을 입증하는 대표적인 유물로는 나뭇가지를 형상화한 수목형 금제관식(金製冠飾)을 들 수 있다. 세계적으로 이러한 관식을 한 고대 금관은 합해서 10점밖에 안되는데, 그중 7점이 가야(1점)와 신라의 것이다. 나머지 3점은 알타이 지방과 아프가니스탄에서 출토된 것이다. 유럽에서는 아직 고대의 것은 발견된 예가 없지만, 중세부터 오늘에 이르기까지 이러한 관식이 유행되고 있는 것만은 사실이다. 원래 성수(聖樹)숭배는 스키타이를 비롯한 북방유목민족들의 전통사상으로서, 그것이 그리스를 비롯한 서양에 영향을 미쳤던 것이다. 그리하여 그리스신화에서는 숲의 여신인 아르테미스(Artemis)가 숭배대상이 되고, 이를 계기로 성수사상이 보편화되었다. 기원 전후 황금의 성산지 알타이 지방을 중심으로 하여 유라시아 북방 초원지대에 찬란한 황금문화시대가 열리면서 이 유목민족들의 이동에 의해 수목형 관식을 갖춘 금관이 동서 여러 곳에서 만들어지게 되었다. 그런데 이러한 관식은 당대 중국이나 일본의 유물에서는 찾아볼 수 없음은 물론, 고구려나 백제의 유물에서도 극히 드물다. 신라문화의 국제성과 독창성이 돋보이는 일례다.

신라의 유물 중에는 교류를 통해 로마문화를 고스란히 수용한 것들도 다수 있다. 대표적인 것이 각종 유리제품이다. 지금까지 출토된 유리용기류는 총 80여 점에 달하는데, 그중 출토지가 분명한 22점은 모두가 9기의 신라 고분에서 나왔으며, 그 소재나 제조기법, 장식무늬, 색깔 등으로 보아 거의가 후기 로마유리계에 속하는 것들이다. 특이한 유물로는 미추왕릉지구에서 발굴된 유명한 '미소 짓는 상감옥(象嵌玉)' 목걸이가 있다. 지름이 1.8cm밖에 안되는 이 작은 상감옥 속에는 앞뒤로 모두 6명(그중 2명은 왕과 왕비로 추정)의 인물과 6마리의 백조, 2개의 나뭇가지가 장식되어 있다. 이 작은 유리구슬 속에 이렇게 많은 조형물을 그토록 정교하게 상감해 장식한다는 것은 실로 놀라운 일이 아닐 수 없다. 인물은 피부가 희고 눈이 동그라며 눈썹이 맞닿아 있다. 또 콧날이 오뚝하고 얼굴이 길며 목걸이를 하고 있다. 한마디로, 백조가 사는 북방계 백인종(아리아인)임에 틀림없다. 이러한 형질적 특징과 생활환경을 고려할 때, 이들은 로마 식민지였던 흑해 부근에 살았던 민족으로 짐작된다. 로마세계에서는 1세기경부터 이집트의 알렉산드리아를 중심으로 한 지역에서 모자이크무늬의 상감옥을 만들기 시작했다. 그것이 중국에는 흔적조차 남기지 않고 멀리 신라까지 전해졌으니, 글자 그대로 '기행(奇行)'이라고 아니할 수 없다.

황금장식보검 • 길이 36cm / 5~6세기 / 미추왕릉지구 계림로 14호분 출토 / 보물 635호.

로마세계에서 유입된 것으로 추측되는 유물 중에는 특이한 단검이 하나 있다. 미추왕릉지구의 계림로(鷄林路) 14호분에서 출토된 황금장식보검(일명 계림로단검 혹은 장식보검)이 바로 그것인데, 칼자루는 반타원형이고 칼집은 끝이 넓으며 표면은 금알갱이와 옥으로 상감하는 등 이른바 다채장식양식(多彩裝飾樣式, polychrome style)으로 꾸몄다. 이렇게 정교하고 화려한 다채장식양식의 검은 동아시아에서는 유일무이하거니와 유사품도 카자흐스탄의 보로보에와 이딸리아의 랑고바르드족 묘에서 출토된 단검, 일본 텐리대학박물관〔天理參考館〕에 소장된 이란계 단검 말고는 별로 발견된 예가 없는 아주 희귀한 보검이다. 이 단검의 원류를 놓고 전래설과 창작설의 두 가지 설이 있는데, 누금상감의 양식기법이나 표면에 있는 나선무늬와 메달무늬 등 전형적인 그리스-로마무늬를 고려할 때, 로마나 그 문화의 영향을 받은 곳으로부터 선물이나 교역품으로 전래된 것으로 보는 것이 타당할 것 같다. 전래건 창작이건 간에 이 보검이야말로 신라의 국제적 위상이나 교류상을 실증하는 귀중한 보물임에 틀림없다.

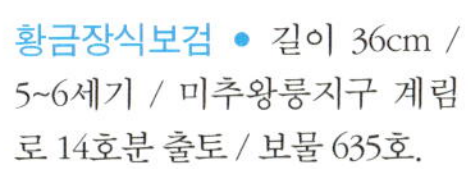

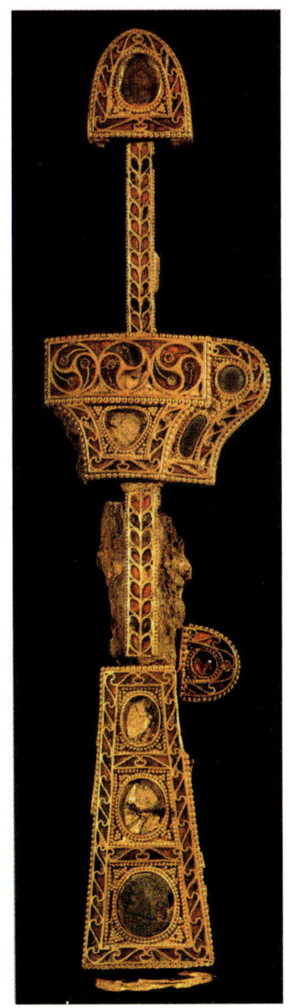

　　가야와 신라의 고분에서 출토된 유물 중에는 손잡이 달린 토기잔이
나 용기류가 적지 않은데, 이것은 분명히 로마세계로부터 들어온 것
이다. 왜냐하면 한국을 비롯한 중국이나 일본 등 동양문명권에서는
잔이나 용기에 손잡이를 달지 않는 것이 고금의 관행이지만, 이에 반
해 로마를 비롯한 유럽에서는 손잡이를 붙이는 것이 전통이기 때문
이다. 이런 것이 바로 문명 간의 이질성으로서 교류의 증좌이기도 한
것이다. 그런데 고구려나 백제의 유물에서는 이러한 용기가 거의 발
견되지 않아서 신라문화만이 갖는 '로마문화성'을 증언하고 있다.

　　신라인들은 로마문화를 단지 일회적으로 수용만 한 것이 아니라,
그것을 자신들의 생활정서나 환경에 걸맞게 변용하고 발전시킴으로
써 신라문화를 한층 아름답게 꽃피웠다. 여러 고분에서 다량으로 출

216

금제 팔찌 ● 5~6세기 / 경주 황남대총 북분 출토.

토된 귀걸이와 팔찌, 반지, 목걸이, 허리띠 등 각종 장신구와 금은제품은 신라와 로마가 공유한 또 하나의 황금문화이기는 하나, 신라인들은 그것을 통째로 삼킨 것이 아니라 창조적으로 받아들여 활용했던 것이다. 원래 귀걸이와 반지, 팔찌, 목걸이 같은 장신구는 그리스–로마문화에서는 필수적이나, 동아시아 문명권에서는 거의 관심 밖에 있었다. 그래서 로마의 누금·감옥기법으로 만들어진 이러한 세공장식품들이 당대 중국이나 일본 유물에서는 발견되지 않고 있다. 고구려에도 별반 없으며, 백제는 신라와 관계가 좋았을 때의 유물에서만 약간 나온다. 그러나 신라의 경우는 천마총에서 출토된 금반지에서 보다시피 모양은 대체로 로마 금반지의 기본형식인 마름모꼴을 취하나, 자신들의 취향에 맞게 여러 가지 모양으로 변형시키고 있다. 같은 고분에서 출토된 허리띠와 띠드리개는 로마나 시베리아에서 유사품이 발견되기는 했으나, 훨씬 화려하고 개성 있게 꾸며졌다.

금제 허리띠와 띠드리개 ● 5~6세기 / 경주 천마총 출토 / 국보 190호.

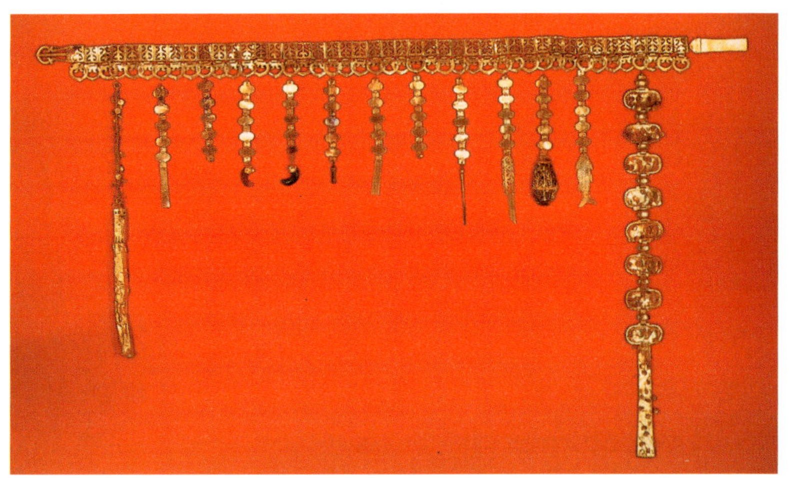

　가야나 신라 고분에서 발견되는 다양한 디자인의 뿔잔〔角杯〕은 중
국이나 일본은 물론, 이웃인 고구려나 백제에서도 유사품이 발견되
지 않아, 학계의 큰 관심을 불러일으킨 바가 있다. 원래 짐승의 뿔로
만든 이 잔은 스키타이를 비롯한 유목민족들이 술잔으로 쓰던 것을

로마인들이 받아들여 한층 더 발전시켰던 것이다. 로마세계에서는 그리스신화의 영향을 받아 다양한 소재를 이용해 잔 끝에 여성상이나 짐승상 같은 것을 장식한 뿔잔을 만들어냈다. 그리스신화에서 짐승의 뿔은 '코르누코피아', 즉 '풍요'를 상징하기 때문에 뿔잔을 행복을 가져다주는 '풍요의 잔'으로 숭상하게 되었다. 아마 이러한 상징성 때문에 가야나 신라는 이 잔을 적극 받아들여 주로 다양한 형태와 크기의 토기로 변용한 것으로 판단된다.

이렇게 신라문화는 전통문화의 기반 위에서 북방대륙문화와 남방해양문화, 거기에다가 로마문화까지 수용하여 융합시킨 다원적 복합문화라고 말할 수 있다. 4~6세기에 신라와 로마 사이에 이렇듯 상상을 초월한 만남이 있었던 것은 당시 동서문명교류의 큰 흐름의 소산이었다. 기원후 로마는 전성기를 맞아 남해로를 통해 동방원거리무역을 극동까지 확대했으며, 흉노와 북위 등 유목민족 국가들은 북방초원로를 통해 멀리 서역과 교류하고 있었다. 이러한 교류의 통로, 즉 씰크로드는 신라와 로마를 연결하는 유대였다. 그러다가 5세기 중엽에 서로마제국이 망하고, 말엽에는 중계역할을 하던 북위마저 수도를 초원로의 길목에서 내지로 옮김에 따라 유대의 고리는 끊기고 문화의 한 공급원이 고갈되기 시작했다. 이러한 상황에서 6세기 전반 법흥왕은 문물제도의 중국화를 비롯해 중국에 얼굴을 돌리지 않을 수 없었다. 그러나 신라인들의 진취성은 이에 찌들지 않고 통일신라시대에 이르러 서역과의 활발한 교류로 재현되고 계승되었다.

신라 뿔잔 ● 경주 미추왕릉지구 5호분 출토.

파도처럼 밀려온
서역문물

지금도 우리는 심심찮게 민속축제 마당에서 청사자와 황사자의 탈을
쓰고 두 패로 나뉘어 굿거리장단에 맞춰 꼬리를 휘저으며 덩실덩실
춤을 추는 흥겹고 익살스러운 장면을 목격한다. 탈을 쓰고 추는 춤이
라고는 하지만, 사자가 없는 이 땅에서 과연 어떻게 사자춤이 생겨났
을까. 그것도 천몇백 년을 내려오면서 굳어질 대로 굳어진 우리의 한
민속놀이로 줄곧 이어져왔으니 말이다. 그 해답은 서역(西域)이라는

새로운 세계와의 대면에서 찾게 된다.

6세기를 기해 일단 로마문화의 영향이 시들먹해지자, 대신 서역문화가 한반도에 파도처럼 밀려오기 시작한다. 과정이야 어떻든 간에 삼국이란 좁은 울타리를 벗어나 한반도에 통일제국을 세운 신라인들에게는 새로운 문명세계와의 만남이었다. 이제 우리 겨레는 여명기를 벗어나 바야흐로 전개기에 접어든 동서문명교류의 큰 흐름에 합류하게 되었다. 그 첫 물결이 바로 중국이라는 '큰 호수'를 사이에 둔 서역과의 교류였다.

서역이란 원래 중국인들이 막연하게 중국의 서쪽 지역을 가리키는 말로서, 우리를 포함해 한자문명권에서는 근세에 이르기까지 줄곧 사용되어왔다. 이 말은 기원전 60년에 전한(前漢)이 숙적 흉노를 제압하기 위해 타림분지의 중앙부에 위치한 오루성(烏壘城)에 서역도호부(西域都護府)를 설치하면서부터 사용되기 시작하였는데, 당시는 주로 오늘의 신장웨이우얼자치구 영내의 수십 개 나라들이 포함되었다. 이것이 좁은 의미의 서역이다. 그러나 한대 이후 중국의 대외 교섭과 교류가 점차 확대됨에 따라 서역의 포괄범위가 서쪽으로 더 넓어져서 7세기 당대에 이르러서는 중앙아시아와 인도뿐만 아니라, 멀리 페르시아(이란)와 대식(大食, 아랍)까지를 망라하게 되었다. 이것이 넓은 의미의 서역으로서 근세까지의 개념이다. 한국에서 서역이란 용어는 『고려사』에 처음으로 나타난다. 통일신라가 상대한 서역은 넓은 의미의 서역으로서, 지역이 광대하고 민족이나 문화도 다양하여 교류의 폭도 그만큼 넓었다.

문호를 개방하는 대외정책을 추구한 당나라는 서역문물을 수용하는 데에도 적극적인 자세를 취하였다. 그리하여 수도 장안은 서역문물의 집산지이자 중계지 역할을 했다. 당시 당과 밀접한 관계에 있던 신라가 조공사나 구법승, 유학생 등의 내왕자들을 통해 서역문물을 간접적으로 수용했다는 것이 지금까지의 통설이다. 그러나 당시 대식인(아랍인)들의 기록에 의하면 그들이 직접 신라에 오가면서 교역도 하고 심지어 신라땅에 정착까지 했다고 하니, 서역과의 교류는 중국을 통해서만이 아니라 직접적인 접촉을 통해서도 이루어졌던 것이다. 그렇지 않고는 그 숱한 서역문물이 신라에 밀려올 수 없었을 것이다.

태평성대를 구가하던 신라인들이 서역문물에 대해 갖는 호기심은 대단했다. 『삼국사기』의 기록을 보면, 귀족 사대부들은 물론 일반인들까지도 앞을 다투어 서역에서 들어온 호화품들을 장만하고 남용하는 바람에 무분별한 사치풍조까지 일고 있었다. 그리하여 일찍이 지위 고하에 따라 옷〔色服〕, 탈것〔車騎〕, 그릇〔器用〕, 집〔屋舍〕 등에서 서역문물을 사용할 데 대한 세칙을 발표한 바 있다. 그러나 그것이 제대로 지켜지지 않자 흥덕왕(興德王)은 834년에 사치를 금하는 칙령을 내렸는데, 그 서문에서 일부 호화를 일삼는 사람들이 외래품만을 선호하고 국산품을 혐오하는 방자한 작태를 힐책하면서 이 사용금지 세칙을 위반하는 자는 국법으로 다스리겠다고 으름장을 놓는다.

도대체 어떤 물건들이 어떻게 쓰였기에 왕이 나서서 이러한 금령까지 내렸을까. 우선은 각종 향료다. 금령에 따르면 진골은 타고 다니는 수레에, 육두품에서 백성까지는 가마와 침상에 향료인 동남아시아산 자단(紫檀)과 서아시아산 침향(沈香)을 쓸 수 없도록 했다. 그밖의 외래향료로는 1966년 경주 불국사 석가탑에서 발견된 아랍산(아라비아반도 남부의 하드루모우트나 팔레스타인) 유향(乳香)도 있다. 신라인들은 서역에서 들여온 침향 같은 향료를 일본에 재수출하는 지혜도 발휘했다. 일본의 대표적인 유물소장고인 쇼오소오인(正倉院)에 있는 『조모입녀병풍하첩문서(鳥毛入女屛風下貼文書)』 중에는 신라 경덕왕(景德王) 11년(752) 신라사신이 일본에 갈 때 일본의 한 귀현(貴顯)이 신라사신으로부터 구입한 화물의 명세서인 「매신라물해(買新羅物解)」가 있는데, 그에 따르면 신라는 동남아시아나 인도, 아랍에서 생산된 수십 종의 향료, 약재, 염료를 일본에 재수출하고 있었다.

홍덕왕이 내린 금령에는 진골녀의 빗과 관, 육두품녀의 빗을 슬슬(瑟瑟)로 꾸미는 것을 금한다고 했다. 슬슬의 실체에 관해서는 여러 가지 설이 있으나, 구슬류에 속하는 투명하고 푸른빛이 도는 귀중한 보석이라는 것이 중론이다. 중국 사적에 보면, 8세기 중엽 고구려 후예인 고선지(高仙芝) 장군이 그 유명한 탈라스 전쟁(751)을 치르면서 슬슬의 원산지인 석국(石國, 현 중앙아시아 타슈켄트)에서 10여 석을 노획했다는 기록이 나온다. 이래저래 슬슬은 우리의 민족사와 인연을 맺고 있는 진귀한 보석이다. 이러한 보석으로 빗을 장식하는 걸 금했다고 하니, 당시 이 보석에 대한 신라인들의 소유욕과 애착심이 얼마나 강했는가를 짐작할 수 있다.

그 밖에도 생활의 구석구석까지 파고든 서역문물들이 적지 않다. 육두품에서 일반 백성에 이르기까지 서역산 고급모직물인 구수(毬㲪)를 함부로 쓸 수 없게 했으며, 역시 고급모직 옷감인 계(罽)는 여인들의 겉옷이나 바지, 버선, 신, 목도리, 옷고름에 장식하는 것을 금하고 있다. 옷고름이나 버선같이 크기가 작은 옷감에까지 계의 사용을 금지한 것으로 보아 필시 귀중한 물품이었음에 틀림없다. 인도를 비롯한 서남아시아에서 나는 공작새 꼬리와 진랍국(眞臘國, 캄보디아) 특산인 비취조(翡翠鳥) 털을 목도리 같은 장신구에 수놓을 수 없게 했다니 얼마간 신라인들의 사치성이 엿보이기도 하지만, 아무튼 외래문물을 받아들였다는 것만은 분명히 확인된다.

이렇게 신라인들이 폭넓게 서역문물을 받아들인 사실은 기록으로만 남아 있는 것이 아니라 유물로도 남아 있어 그 실상을 여실히 입증해주고 있다. 약 70년 전에 경주에서 발견되어 지금은 국립경주박물관에 소장되어 있는 이른바 '입수쌍조문 석조유물(立樹雙鳥文石造遺物)'이 바로 그 일례다. 나무를 한가운데 두고 두 마리 공작이 마주하고 있는 석조유물이라고 하여 이러한 이름이 붙은 이 유물과 더불어 비슷한 무늬를 가진 직경 2.5cm의 '화수대금문금구(花樹對禽文金具)'도 1966년 경주 황룡사 목탑지 사리공에서 발견되었다. 이 두 유물의 공통적인 무늬는, 평면이 원형이고 중앙에 나무를 배치하고 좌우에 날짐승을 대칭시키며 원 밖에 옥을 두른 연주대(聯珠帶)가 있는 것인데, 이것은 대표적인 사산(이란)계 무늬로서 신라가 그 새김기

●꽃나무를 사이에 두고 날짐승이 마주 보고 있는 무늬의 금제 기구.

입수쌍조문 석조유물 ● 국립경주박물관 소장.

법을 도입한 것이다.

이렇게 세월의 풍상 속에서도 별로 변하지 않는 무언(無言)의 석조나 금제 유물이 있는가 하면, 비록 변모되어 거의 잊혀가고 있는 속에서도 애잔하지만 아름답게 그 긴 만남의 역사를 수놓는 들꽃도 있다. 일명 거여목이나 개자리라고도 하는 목숙(苜蓿)이 바로 그것이다. 콩과에 속하는 이 목숙은 우리나라에서는 이미 퇴화되어 키가 겨우 30~60cm밖에 안 되는 야생초로 변했다. 한여름에서 초가을 사이에 누른빛 나비형 꽃이 피는 이 들풀의 부드러운 잎은 맛이 담백하고 풍부한 단백질을 포함하고 있어 외국에서는 채소로서 애용되고 있을 뿐만 아니라 해독제 같은 약으로도 쓰인다. 본시 목숙은 남러시아의 카프카스산맥 동남 일대에서 말의 사료로 재배되어 고대 그리스인들에게 알려졌으며, 그것이 다시 아랍에 전해진 후에는 아랍 준마의 사료로 명성을 떨쳤다.

목숙

그러던 목숙이 중국 전한(前漢) 때, 서역에 사신으로 파견되었던 장건(張騫)이 가지고 돌아와서 말의 사료로 곳곳에 재배하면서 동방에 처음으로 알려지게 되었다. 그것이 수백 년을 지나 국력 신장과 목축업의 발전을 꾀하던 신라인들의 의욕을 자극하기에 이른다. 신라는 배천(白川), 한기(漢祇), 문천(蚊川), 본피(本彼) 등 전국 네 곳에 '목숙전(苜蓿典)'이라는 관변기구를 설치하고 전담 관료와 기록책임자까지 두어 목숙의 재배와 관리를 맡게 하였다. 이 말 사료이자 약용식물인 목숙은 다시 한국에서 일본으로 전해져서 지금까지도 일본에서는 '우마꼬야시(馬肥, 말을 살찌게 하는 것)'란 이름으로 약재로 쓰이고

서역으로 떠나는 장건

있다.

목숙과 더불어 오늘날까지 전승되고 있는 몇 가지 악기나 놀이에서
도 서역문물의 흔적을 찾아볼 수 있다. 『삼국사기』를 비롯한 각종 기
록과 감은사 사리함 등의 유물에서 보다시피, 주로 신라 중대 이후에
고구려가 수용한 것을 재수용하였거나 중국으로부터 전래된 서역계
악기로는 피리, 횡적(橫笛), 소(簫), 박판(拍板), 요고(腰鼓), 동발(銅
鈸), 당비파(唐琵琶), 공후(箜篌) 등 8종의 호악(胡樂, 서역악)이 있는
데, 그중 일부는 약간의 변용을 거쳐 지금까지도 전승되고 있다. 그
런가 하면 가면무나 땅재주 같은 몇 가지 놀이도 신라 때 서역으로부
터 들어와 우리의 전통놀이문화로 자리를 굳혔다. 9세기 중엽 문호
최치원(崔致遠)이 저술한 『향악잡영오수(鄕樂雜詠五首)』에 따르면,
금칠한 공을 공중에 던졌다가 받는 금환(金丸)이나, 가면무로 술잔을
들고 겨끔내기로 춤을 추는 월전(月顚)과 역신을 쫓는 대면(大面),
이색적인 무인들이 봉황춤을 추는 속독(束毒), 그리고 산예(狻猊) 즉

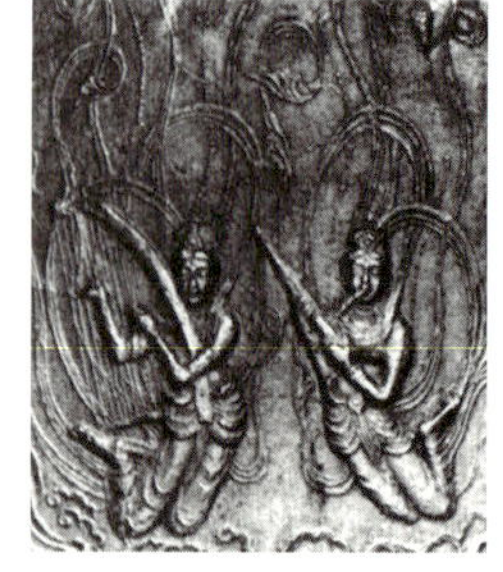

226

봉산탈춤

사자춤은 모두가 신라 때 쿠처나 허텐, 소그디아나 등의 서역에서 들어온 잡기들이다. 그중 산예는 지금까지도 '북청사자놀이'와 '봉산탈춤' '통영오광대' 등으로 전습되고 있다.

외래문물은 잘 활용하면 자양분이 되나, 자칫 남용하면 독이 된다. 흥덕왕의 칙령에서 보다시피, 신라인들은 국산품을 귀히 여기면서 서역문물을 호사가 아닌 수요를 위해 받아들여서는 민족정서에 걸맞게 전통문화로 승화시켜서 오늘의 우리에게까지 전해주고 있다.

무언의 증인
무인석

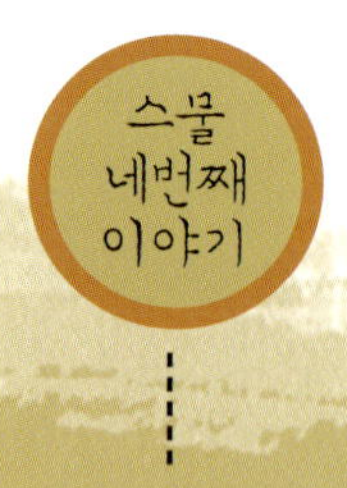

신라의 천년 고도 경주에서 동쪽으로 35리쯤 가면 외동면 괘릉리에
자리한 괘릉(掛陵)에 이른다. 사적 26호인 괘릉은 신라의 수많은 능
중에서도 둘레돌이나 돌사람, 돌짐승 등의 외호석물을 골고루 갖추
고 있을 뿐만 아니라, 그 돌새김기법 또한 뛰어나서 신라 능묘의 대
표적 걸작으로 꼽히고 있다. 그러나 능묘의 주인공 문제를 비롯해 능
앞에 배치되어 있는 외호석물인 무인석상(武人石像)의 이상야릇하고

괘릉의 무인석

낯선 모습이나 돌사자의 이례적인 위치 등 일련의 문제에서 이론이
분분하다. 그중에서도 무인석상을 에워싼 논란이 가장 많다.

괘릉이란 이름의 유래부터가 아리송하다. 물이 고여 있는 연못자리
에 능을 쓰다보니 왕의 관을 돌 위에 걸쳐놓고 흙을 쌓았다고 하여
'걸 괘(掛)'자를 붙인 '괘릉'이라 이름하였다는 속설이 있다. 왕릉터
라면 명당 중의 명당일 텐데, 굳이 물 고인 연못지를 그런 곳으로 택
했다는 것은 유례 드문 일이다. 그래서인지 능비도 없어, 그 주인공
을 38대 원성왕(元聖王, 785~798년 재위)으로 어림잡고 있다. 『삼국유
사』에 보면, 원성왕릉은 토함산 숭복사(崇福寺, 일명 동곡사 洞鵠寺)에

230

괘릉 무인석의 얼굴

있다고 했는데, 그 절터가 괘릉 부근에서 발견됨으로써 그러한 추측의 근거로 삼고 있다.

소나무숲이 주변을 두껍게 둘러싸고 있어 청신하고 고고한 분위기를 자아내는 괘릉은 크게 봉분과 그 전방에 배치된 몇 가지 석조물로 이루어져 있다. 봉분의 중심에서 남쪽으로 약 80m 떨어진 곳에서부터 동서 25m 사이에 돌사자 두 쌍, 문인석과 무인석, 묘의 문이라 할 수 있는 화표석을 각각 한 쌍씩 배치했다. 그중 화표석은 없어져버렸다. 주목을 끄는 것은 이색적인 용모와 복장을 하고 있는 한 쌍의 늠름한 무인석이다. 우리가 흔히 절에서 보는 수호 담당의 사천왕이나 금강역사상 같은 험상궂고 우락부락한 상징적 존재와는 달리, 너무나 사실적인 인물 형상으로 능을 지키고 서 있다. 경주의 고분군과는 좀 동떨어진 이곳에, 통일신라시대의 가장 완벽한 능묘형식으로 조영된 괘릉에 나타난 이 이방인은 과연 누구이며, 왜 당당한 외호석물로 등장했을까? 지난 80여 년간 구구히 논의해오던 문제다.

그 해답은 우선 무인석상의 실체에서부터 찾아봐야 할 것이다. 석상은 신장이 약 2.5m쯤 되는 장대한 체구로 상체를 약간 뒤로 젖히고 허리를 튼 자세로 서 있다. 주먹을 불끈 쥔 한 손은 가슴에 대고, 다른 손은 발등까지 처진 길이 1m 정도의 막대기(무기?)를 단단히 잡고 있다. 부릅뜬 큰 눈이 치켜 올라갔고, 쌍꺼풀진 눈은 푹 들어가 눈썹이 두드러진다. 큰 코는 콧등이 우뚝하고 코끝이 넓게 처진 매부리코이며, 콧수염이 팔자로 말려 올라갔다. 큰 얼굴엔 광대뼈가 튀어나오고, 큰 입은 굳게 다물고 있다. 귀밑부터 흘러내린 길고 숱 많은 곱슬수염이 목을 덮고 가슴까지 내리 닿고 있는 것이 퍽 인상적이다. 머리에는 중앙아시아나 아랍 식의 둥근 터번을 쓰고 있다.

어깨가 넓으며 목과 허리에서 한 번씩 꺾여 몸의 중심이 한쪽 다리에 실리면서 자신 있게 버티고 서 있는 자세와 양팔의 위치, 그리고 넉넉한 표정 등은 실로 무덤을 지키는 무인 형상으로는 손색이 없다. 이러한 외모를 한마디로 요약하면 심목고비(深目高鼻)한, 즉 눈이 움푹 들어가고 코가 높은 서역인상이다. 동양사에서는 흔히 아리아계나 터키계 인종의 얼굴을 심목고비로 묘사한다. 그런데 무인상임에도 불구하고 의상은 의외로 갑옷 같은 딱딱한 복장이 아니라, 장식이 별로 없는 부드러운 느낌의 옷이다.

이러한 심목고비한 무인석상은 괘릉뿐만 아니라, 경주시 도지동에 있는 33대 성덕왕(聖德王, 702~736년 재위) 능과 경주시 안강읍에 있는 42대 흥덕왕(興德王, 826~835년 재위) 능에서도 발견된다. 성덕왕릉의 무인석은 머리부분만 남아 있으며 얼굴의 파멸이 심해 형태를 알아보기가 어려우나, 흥덕왕릉의 무인석상은 괘릉의 것과 엇비슷하여 그 실체를 알아볼 수 있다. 그러나 사양길에 접어든 후대 신라사회의 퇴조를 말해주듯 새김기법에서는 둔화와 부진을 보여주고 있다. 즉 눈이나 코, 입 등 얼굴형상에서 선이 뚜렷하지 않고, 한 손엔 무기를 들고 다른 손은 주먹을 쥔 채로 직립해 있는 부동자세가 어딘지 모르게 불안해 보이며, 목이 바르고 어깨가 으쓱 올라붙어 부자연스럽고

232

흥덕왕릉의 무인석 ● 새김기법
에서 둔화상이 보인다. 9세기
전반.

생동감이 별로 없다.

두 왕릉의 지킴이인 무인석들이 비록 위치나 새김기법에서는 약간의 변화와 차이를 보이고 있지만, 눈과 코의 형상, 양팔의 위치와 형태, 장대한 체구, 복장 등에서 공통점을 드러내고 있으며, 총체적인 모습이 심목고비한 서역인의 형질적 특색을 여실히 보여주고 있다. 따라서 이러한 무인석은 서역인을 직접 본보기로 삼아 돌새김한 것으로 판단된다. 신라인들이 서역인 무인석을 왕릉의 외호물로까지 택한 것은 그들의 장대한 위용과 이색적인 용모에서 오는 수호적 기능과 역할을 노린 데서 비롯된 것이다.

이렇게 신라인들이 별난 서역인 형상을 능의 외호물로 취한 것은 당나라에서 유행하던 호인용(胡人俑, 흙으로 만든 서역인상)을 본받았다는 것이 지금까지 학계의 일반적 견해다. 그 근거는 괘릉이나 흥덕왕릉의 무인석상 모습이 무덤에 같이 묻는 중국의 호인용을 닮았다는 것이다. 당시 중국에서는 서역 무장들의 장대한 체구와 색다른 용모를 모델로 하여 무인상의 호인용을 만들어 능묘의 껴묻거리로 사용하고 있었다. 따라서 당으로부터 문물을 섭취하는 데 열을 올리고 있던 신라귀족들이 지킴역의 껴묻거리로 사용되는 호인용 형상을 받아들이는 것은 자연스러운 일이라는 것이다. 얼핏 들으면 그럴싸한 논리다. 그러나 당나라의 능에서 출토된 호인용과 신라의 무인석을 구체적으로 비교해보면, 그것은 차원을 달리한 서역문물의 수용임을 발견하게 된다. 껴묻거리용 호인용의 크기는 30cm 내외에 불과하지만 괘릉이나 흥덕왕릉의 외호물인 무인석은 그 8배에 달하는 대형조각물이며, 기법에서도 선명성이나 생동감이 훨씬 더 넘쳐흐른다. 뿐만 아니라 호인용은 갑옷을 입고 있으나 무인석은 평범한 복장(호복胡服)으로 크게 다르다.

　이러한 수용은 서역인에 대한 직관, 즉 현장의 서역인을 직접 모델로 삼았기 때문에 가능했던 것이다. 무인석에 나타난 얼굴의 형상이라든가 터번, 복장은 분명히 서역인의 특색 그대로이며, 그 선명성과 정확성 또한 놀라울 정도다. 이것은 서역인의 용모나 복식에 관해 충분히 파악하고 있는 조공에 의해 만들어졌음을 의미한다. 중국 호인용의 무사복과는 달리 민간복을 입히고 체구나 형상 자체를 크게 확대한 것은 바로 이러한 파악과 견문에 기초한 것이다. 바꾸어 말하면, 서역인을 직접 보고 본뜨지 않고는 이토록 정확한 형상으로 조각하는 건 불가능했을 것이다. 그리고 그 현장모델은 바로 일찍이 이상

괘릉 무인석에 달린 복주머니

향 신라를 찾아온 서역인들이었을 것이다.

한 가지 흥미로운 것은 괘릉 무인석이 오른쪽 옆구리에 지름이 10cm가량 되는 복주머니를 차고 있다는 것이다. 복주머니는 동양, 특히 한국 고유의 장신구로서 신라땅에서 서역인이 복주머니를 차고 있다는 사실은 조각상의 예술성보다는 신라에 온 서역인들이 신라문화를 기꺼이 받아들였다는 점, 즉 두 문명이 융합한 결과라는 데 더 큰 의미가 있다.

그 밖에 1986년 경주 용강동 고분에서 출토된 서역인 흙인형(土俑)은 여러 가지 시사점을 던져주고 있다. 7세기 말에서 8세기 초에 만들어진 이 무덤에서는 채색된 흙인형들이 나왔다. 이것은 순장하는 풍습이 사라진 뒤에 그것을 대신해 무덤의 주인공을 지키도록 흙인형을 만들어 같이 묻은 것으로 짐작된다. 무덤의 주인공은 진골 왕족으로 추정되며, 흙인형은 남자상이 15점, 여자상이 13점으로 모두 28점이다. 그런데 남자상 중 용모가 괘릉의 무인석과 매우 비슷한 한 인물(키 17cm)이 손에 홀(笏)을 잡고 흡족한 표정을 지으면서 서 있다. 그 말고는 홀을 잡은 사람이 한두 명밖에

경주 용강동 돌방무덤에서 출토된 흙인형들

안된다. 홀은 임금을 만날 때 신분을 상징하는 조복에 갖추어 손에 쥐는 패물이다. 조복으로 보아 그는 지체 높은 문관임이 틀림없다.

7세기 것으로 추정되는 경주 황성동 돌방무덤에서도 여러 점의 흙인형이 나왔는데, 그중에도

서역인의 모자인 고깔모자〔弁形帽〕를 쓴
이색적인 남자상이 끼어 있다. 지금까지 서
역 일원에서 출토된 유물은 물론, 중국이나
한국에서 출토된 고깔모자 유물의 주인공
을 살펴보면 예외 없이 심목고비한 서역인
의 모습이 다수 있다. 이것은 이러한 형태
의 모자가 서역인들 고유의 모자였다는 사
실을 시사해준다.

이상에서 살펴본 무인석이나 흙인형은
단지 상징적 염원만을 담은 조각이 아니라,
늦어도 7세기경부터는 서역인들이 신라땅

두 손으로 홀을 잡은 서역남자
흙인형(왼쪽) ● 높이 17cm / 경
주 용강동 돌방무덤 출토.

서역모자인 고깔모를 쓴 남자
흙인형(오른쪽) ● 7세기 / 경주
황성동 돌방무덤 출토.

에 와서 살면서 무장이나 문관으로까지 기용되고 있었음을 시사하
는, 상당한 정도의 사실성이 투영된 증거물이다. 기나긴 세월의 풍진
속에서도 의연히 서 있는 저 무인석과 흙인형은 우리가 서역인들과
서로의 문화를 주고받으면서 삶을 함께해온 그 옛날의 만남과 어울
림의 역사를 무언으로 증언하고 있다.

236

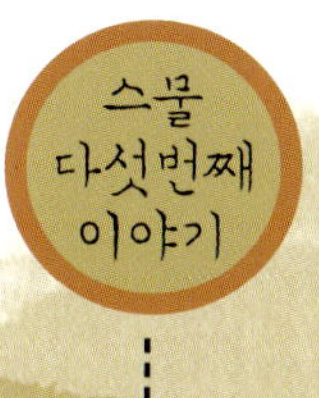

동방의 이상향
신라

우리와 이웃하면서 한 문명권에서 살아온 중국이나 일본 말고 이 세
상에서 우리를 가장 먼저 알고 찾아와서 교제한 사람들은 과연 누구
일까? 그동안 그 해답은 제대로 주어지지 않았다. 역사를 제대로 알
지 못한 서양사람들이 우리더러 세상과 동떨어진 호젓한 '은둔(隱遁)
의 나라'라고 하니, 남들은 물론 우리마저도 그저 그런가보다 하고
무심히 넘겨버렸다. 그러나 알고 보면 결코 그렇지가 않다. 그 해답

은 중세 아랍사람들이 주고 있다.

지금까지 학계에서는 1254년경 프랑스 루이 9세가 원나라 헌종 황제에게 파견한 사신 빌렘 루브루크(Willem Rubruck)가 돌아가 쓴 여행기에서 '섬의 나라 까우레'라고 한마디 한 것이 유럽에 알려진 첫 한국 소식이고, 일본에서 포교활동을 하던 스페인 선교사 쎄스뻬데스(Gregorio de Cespedes)가 1593년 12월 임진왜란 때 왜군을 따라 남해안 웅천항(熊川港)에 도착한 것이 유럽인으로서는 최초의 한국행이며, 1627년 일본 나가사끼로 항행하다가 풍랑을 만나 제주도에 우연히 표착한 네덜란드 상선 우베르케르크(Ouwerkerck)호가 한국 해안에 나타난 최초의 이양선(異樣船, 서양 배)이라고 알려져 있다.

그러나 루브루크보다 400~500년, 쎄스뻬데스보다는 무려 700~800년 앞서 신라에 많은 아랍인들이 오갔을 뿐만 아니라 정착까지 했다는 기술과 더불어 신라에 관한 귀중한 사료들이 중세의 여러 아랍문헌에 기록되어 오늘날까지 전해오고 있다. 요컨대 한(漢)문명권 밖에서 처음으로 한국(신라)을 알고 그 존재를 세계만방에 알린 사람들은 다름 아닌 9세기 중엽의 아랍인들로서 그 역사는 자그마치 1,000여년 전으로 거슬러 올라간다. 그러면 그들의 눈에 비친 신라의 모습은 과연 어떠했으며, 그들은 신라를 세계에 어떻게 알리고 있었던 것일까? 그 모습은 우리가 미처 알지 못했던 자화상이기도 하고, 세계 속에서 일찍이 우리 겨레가 누리던 드높은 위상이기도 해서 자못 궁금하지 않을 수 없다.

중세 아랍인들에게 신라는 한마디로 '동방의 이상향'이었다. 그들의 기록에 의하면, 세상에는 '행운의 섬'이나 '불멸의 섬'으로 알려진 이상향이 두 곳 있는데, 그 하나는 서방의 그리스 전설에 나오는 대

중세 아랍상인들이 남해로에서 이용하던 돛배

서양 상의 신비의 섬 아틀란티스(Atlantis)이고, 다른 하나는 바로 동방의 신라다. 그러나 같은 이상향이라도 아틀란티스는 무인도인 데 반해, 신라는 사람이 사는 곳으로서 경작지와 과수원이 있다고 했다. 바꾸어 말하면, 아틀란티스는 전설 속의 한낱 이상향에 불과하지만, 신라는 속세의 살아 숨 쉬는 이상향이라는 것이다. 물론 글자 그대로 받아들일 수는 없지만, 그들에게 신라가 동경과 선망의 대상이었음은 분명하다. 이러한 동경과 선망은 신라에 대한 그들 나름의 지식과 견문, 이해에서 비롯된 것이다.

아랍인들은 지구상에서 신라가 어디에 있는가를 일찌감치 제대로 알아냈다. 9세기 중엽에 나온 한 지리서는 섬과 산이 많은 신라가 중국의 동편, 지구의 동쪽 끝에 있으며 역청해(瀝靑海, 태평양)로 에워싸여 있다고 지적한다. 인도나 중국의 꽝져우(廣州)와 취안져우(泉州)까지 여러 차례 다녀간 아랍상인 술라이만 앗 타지르(Sulaimān ad-Tājir)는 여행기 『중국과 인도 소식』(851)에서 신라가 중국의 동쪽 바다에 자리하고 있다고 하고, 중세 아랍 역사학의 태두인 알 마스오디(al-Mas'oudī)도 신라의 위치를 '중국의 동쪽 바닷가'나 '육지의 동쪽 끝'에 설정했다. 이것은 중국보다 더 동쪽에 신라가 위치하고 있다는 사실을 밝힘으로써 육지의 동쪽 끝을 오로지 중국으로만 보아오던 종래의 그리스-로마의 지리관을 타파하고 동방에 관한 새로운 지리지식을 첨가한 엄청난 발견으로 평가

이드리시의 신라지도와 세계지도

된다.

신라의 지리와 관련한 아랍 학자들의 기술에서 특별히 주목을 끄는 것은 중세 아랍 지리학의 거장인 알 이드리시(al-Idrīsī)가 그린 세계지도에 신라가 자리한 사실이다. 그는 전래의 지리지식을 집대성하여 지은 『천애횡단갈망자의 산책』(일명 『로제왕의 서』, 1154)이란 책 속에 1장의 세계지도와 70장의 지역세분도를 그려넣었다. 그는 아랍의 전통적 '7기후대설'에 따라 지구를 7개 지역으로 나누고, 매 지역을 서에서 동으로 다시 10등분하여 총 70장의 지역세분도를 완성했다. 그 제1지역도 제10세분도에 5개 섬으로 구성된 신라를 명기하고 있다. 이 지도는 이때까지 유럽의 세계지도에 처음으로 한국이 등장한 스페인의 벨로(B. Velho) 세계지도(1562)보다 무려 408년 전에, 그리고 한국명이 적힌 최초의 유럽지도라고 하는 메르카토르(Mercator)의 세계지도(Coréa, 혹은 Cory로 표기, 1595)보다는 무려 441년 전에

240

만들어진 것이다. 따라서 이 아랍 지도야말로 한국 이름이 적힌 세계지도로서는 가장 오래된 것이라고 말할 수 있다.

원래 알 이드리시의 세계지도는 이라크과학원이 1951년에 너비 2m, 길이 1m의 대형지도로 복원했다. 필자는 1979년 바그다드박물관 전시실에서 벽에 걸려 있는 이 지도를 목격한 바 있다. 그래서 지난해 취재차 이 박물관을 찾아가는 모 방송사 취재진에게 확인을 부탁했더니, 지도는커녕 박물관 전체가 텅 비어 있었다고 한다. 반문명인들에 의해 저질러진 저주받을 현대판 반달리즘(Vandalism, 문명파괴)에 그저 비분강개할 뿐이다.

중세 아랍인들은 이렇게 신라의 위치나 지형뿐만 아니라, 신라의 자연환경에 관해서도 놀라운 기록들을 남겨놓고 있다. 열사에 찌들고 풍랑에 지친 그들에게 산명수려한 자연경관과 풍부한 지하자원을 가지고 있는 신라는 꿈속의 안주처일 수밖에 없었다. 그들은 한결같이 신라는 "공기가 맑고 부유하며 땅이 기름지고 물이 좋을 뿐만 아니라, 주민의 성격 또한 양순"하기 때문에 누구든 일단 들어가기만 하면 떠나지 않고 정착하고야 만다고 입을 모았다. 특히 그들의 눈에 비친 신라는 황금이 지천에 깔려 있는 말 그대로의 '황금의 나라'다. 금이 너무나 흔해서 가옥은 금으로 수놓은 천으로 단장하고 금제 식기를 쓰며, 심지어 개의 쇠사슬까지 금으로 만든다는 것이 그들이 믿고 있는 신라의 모습이다. 그래서 일단 신라를 떠나지 못한다고 지적한다. 사학자이며 지리학자인 알 마크디시(al-Maqdisī)는 『창세와 역사서』(966)에서 이렇게 쓰고 있다.

"중국의 동쪽에 신라가 있는데, 그 나라에 들어간 사람은 그곳이

공기가 맑고 재부가 많으며 땅이 비옥하고 물이 좋을 뿐만 아니라, 주민의 성격이 또한 양호하기 때문에 그곳을 떠나려고 하지 않는다.”

“신라인들은 가옥을 비단과 금실로 수놓은 천으로 단장하며 식사 때는 금으로 만든 그릇을 사용한다.”

앞에 언급한 지리학자 알 이드리시도 다음과 같이 소개하고 있다.

“그곳을 방문한 사람들은 누구나 정착하여 다시 나오고 싶어 하지 않는다. 이 이유는 그곳이 매우 풍부하고 이로운 것이 많은 데 있다. 그 가운데서도 금은 너무나 흔한바, 심지어 그곳 주민들은 개의 쇠사슬이나 원숭이의 목테도 금으로 만든다.”

이와 더불어 그들은 이상향으로 선망하는 심정에서 신라인들의 유족한 생활상과 쾌적한 환경을 세심한 필치로 이모저모 묘사하고 있다. 지리학자 알 카즈위니(al-Qazwīnī, 1203~83)는 저서 『여러 나라의 유적과 인류의 소식』(1250)에서 이 방면에 관한 석학들의 기술을 다음과 같이 종합하고 있다.

“신라는 중국의 맨 끝에 있는 절호의 나라다. 그곳은 공기가 깨끗하며 물이 맑고 토질이 비옥해서 불구자를 볼 수 없다. 만약 그들의 집에 물을 뿌리면 용연향(龍涎香)•이 풍긴다고 한다. 전염병이나 질병은 드물며 파리나 갈증도 적다. 다른 곳에서 질병에 걸린 사람이 이곳에 오면 곧 완치된다. …… 알라만이 시혜자다.”

그 환경이 얼마나 정갈했으면 물 뿌린 집에서 용연향이 풍기고, 불구자도 없으며, 외지에서 온 환자는 금세 치유되겠는가. 극찬의 표현이다. 그러면서도 이슬람 세계관으로 훈육된 사람답게 그는 신라의 이 같은 윤택한 생활환경을 유일신 알라의 은혜로 돌린다.

그런가 하면 신라인들은 세상에서 가장 아름다운 외모를 가지고 있다는 찬사도 아끼지 않는다. 인종학적으로 인간 외모의 우열을 가린다는 것은 현실적으로 어렵고 또한 무모한 일이지만, 그들이 지적한 '가장 아름다운 외모'란 때 없고 병 없는 환경에서 사는 신라인들이야말로 그 외모가 준수할 수밖에 없다는 하나의 은유이기도 할 것이다. 또한 신라인들의 성격이 양순하다고 한 것은 대인관계에서의 친절성이나 유화성, 신뢰성 같은 것을 의미하는 것이다. 신라인들의 외모가 아름답다거나 성격이 양순하다고 한 것은 그들의 높은 문화수준과 윤리·도덕성에 대해 아랍인들이 품고 있는 일종의 선망이라고 말할 수 있을 것이다.

그 밖에 신라인들의 종족적 기원이나 신라의 대외관계, 특히 중국과의 관계에 관한 기술에서도 눈길을 끄는 대목이 여럿 있다. 예컨대 신라인들은 "중국황제와 서로 선물을 주고받고 하는데, 만약 그렇게 하지 않으면 하늘은 그들에게 비를 내려주지 않는다"는 기록이 몇 군데 있다. 여기서 주목되는 것은 신라인들이 중국황제와 서로 선물을 교환한다는 내용이다. 신라와 중국(당나라) 간의 관계는 모화사상(慕華思想)이나 사대주의에 기초한 조공관계가 기본이었다는 통념에 반해, 양국 간에는 상호성에 입각한 선물교환이 이루어지고 있었다는 기술은 양국관계의 다른 한 측면을 음미해보게 한다. 서로가 선물을

'한국의 남녀' ● 프랑스 화가 셍 쏘베가 1806년 제작한 판화로, '미지의 왕국' 조선에 대해 들은 이야기를 바탕으로 그린 것이다. 마치 인디언 같은 모습의 이 '조선인'을 보노라면 당시 서양인들이 한국에 대해 품고 있었던 환상을 짐작할 수 있다.

교환하지 않으면 천벌로 가뭄이 들게 한다
는 것은 천리(天理)를 빌려 양국 간의 긴밀
한 관계를 강조한 것으로 풀이된다.

이 '동방의 이상향' 신라에서 나는 물건
이 아랍인들의 호기심을 끄는 것은 당연한
일이었다. 9세기 후반의 기록에 의하면, 그
들은 신라에서 비단(하리르), 검(피린드), 사
향(미스크), 말안장(수루즈), 흑담비(삿무르)가
죽, 오지그릇(가돠르), 계피(桂皮, 다루쉰) 등
의 물품을 수입해갔다. 그 통로는 주로 중
세 아랍상인들의 활동무대였던 남해의 바
닷길로서, 여기에는 아랍 특유의 돛배가 이
용되었다. 비단이나 검, 오지그릇이 국제무
역품으로 등장했다는 것은 신라의 대외교
류사에서 자못 의미 있는 일이다.

이렇듯 중세 아랍인들의 캔버스에는 윤
색 같은 것이 없지는 않지만, 신라의 넉넉하고 진취적인 자화상이 생
생히 그려져 있다. 이런 것을 알 바 없는 서구인들은 19세기 말 우리
를 '은둔'의 화신으로 곡필했고, 거의 같은 시기에 일본사람들은 엉뚱
하게도 신라에 관한 중세 아랍문헌의 기술은 신라가 아닌 일본에 관
한 기술이라고 아전인수하는 이른바 '신라일본비정설(比定說)'을 들
고 나와 반세기 동안이나 사람들을 현혹시켰고, 그 여파는 우리네 학
계에까지 미쳤다. 나라가 힘이 약하고 학문이 뒤처지면 참역사가 난
도질당한다는 뼈저린 교훈이다.

한국 속의 세계 (상)
우리는 어떻게 세계와 소통해왔는가

초판 1쇄 발행/2005년 10월 25일
초판 8쇄 발행/2022년 1월 5일

지은이/정수일
펴낸이/강일우
편집/유용민 김종곤 신동해 이지영
펴낸곳/(주)창비
등록/1986년 8월 5일 제85호
주소/10881 경기도 파주시 회동길 184
전화/031-955-3333
팩시밀리/영업 031-955-3399 · 편집 031-955-3400
홈페이지/www.changbi.com
전자우편/human@changbi.com

ⓒ 정수일 2005
ISBN 978-89-364-7106-4 03900
ISBN 978-89-364-7988-6 (전2권)